중3, 고1을 위한

확 바뀐

입시 전략

중3, 고1을 위한

 입시전략

초판 1쇄 발행 2024년 1월 31일
초판 3쇄 발행 2024년 11월 11일

지은이 장정현

발행인 장상진
발행처 (주)경향비피
등록번호 제2012-000228호
등록일자 2012년 7월 2일

주소 서울시 영등포구 양평동 2가 37-1번지 동아프라임밸리 507-508호
전화 1644-5613 | **팩스** 02) 304-5613

ⓒ장정현

ISBN 978-89-6952-572-7 03370

중3, 고1을 위한

확 바뀐

입시 전략

2026~2028년 입시교과서

장정현 지음

경향BP

머리말

지금 대한민국은 2028 대학입시 개편, 2025 고교학점제 시행, 의대 증원에 따른 N수생 열풍 등 확 바뀐 입시 상황으로 혼란을 겪고 있습니다. 수험생과 학부모들은 입시 유튜브, 대학입시설명회, 사설 입시 컨설팅 등 입시 정보의 홍수 속에서 한편에서는 자극적이고 상업적인, 다른 한편에서는 교과서 같은 이야기로 정확한 정보가 무엇인지 모르는 채 방향을 잡지 못하고 힘들어하기도 합니다.

제가 학습법과 입시에 관심을 가지고 집필한『중학 3년, 대학을 결정한다』와『중3, 고1을 위한 확 바뀐 학종』이 넘치는 사랑을 받았습니다. 특히 학생과 학부모님은 물론이고 입시를 지도하시는 학원 원장님이나 학교 진학담당 선생님들, 많은 대학입학사정관님으로부터 받은 찬사와 격려로 몸 둘 바를 모를 지경이었습니다. 그런 중에 향후 입시제도가 크게 변한다 해도 중심을 잡아 줄 수 있는 지침서가 필요하다는 각계의 요청에 부응하여 이 책을 준비하였습니다.

초등학생부터 고3까지 지도했던 학원의 원장 겸 강사로서, 대학입시와 학습법에 대하여 전문적인 연구를 수행했던 연구자로서, 제가 지금까지 중3과 고1에 고집스럽게 중심을 두는 이유는 입시에서 이때가 최고의 혹은 마지막 타이밍이라는 생각 때문입니다. 입시에서 성공하기 위한 가장 중요한 요인은 타이밍, 그리고 준비 정도라고 이야기합니다. 정말 진리입니다. 성공을 하려면 반드시 준비되어 있어야 합니다. 입시에 성공한 대부분의 학생과 학부모는 사전준비를 잘해놓았다는 공통점이 있습니다.

이 책은 입시제도가 가장 크게 변하는 중3과 고1 학생과 학부모에게 정확한 정보와 관점에서 입시를 준비하게 하는 길라잡이가 될 것이라 자부합니다. 또한 좀 더 앞서 입시에 대한 체계적이고 전문적인 준비를 하려는 중학교 저학년, 더 나아가 초등학교 고학년 학부모의 지침서가 되리라 믿습니다. 입시는 언제, 어떻게 준비하느냐에 따라 성공과 실패가 나누어집니다. 이 책이 적절한 시기에 입시에 대한 계획을 수립하는 데 도움이 될 것입니다.

이 책을 보는 것을 계기로 차분하게 학생 스스로 혹은 자녀의 입시를 설계하는 시간을 가지면 좋겠습니다. 스스로 사고하는 시간을 가질 때 중심이 바로 서고 방향을 제대로 설정할 수 있습니다.

이 책의 마지막 부분에 실은 학생부종합전형(이하 학종) 관련 내용은 고등학생들에게는 실질적인 도움을 주고, 고등학교 입학을 앞둔 학생에게는 고1부터 실전에 돌입하는 데 좀 더 체계적으로 준비하기 위해서 미리 꼭 알아야 할 것들입니다. 입시 설계의 중심에 학종을 두어야 한다는 생각에서 제시하였습니다. 학종 준비의 핵심을 짚어 이 책에 나와 있는 지침들만 실천해도 합격할 수 있다는 믿음과 도움을 주고자 했습니다. 학부모님들이 궁금해하는 질문에 대하여 입시 정보서나 입학사정관들과 다른 숨겨진 팩트를 체크합니다.

이 책이 최고의 입시설명회를 대신할 수 있을 것으로 확신합니다. 고등학교 선택을 고민하고 진로와 목표를 설정하여 대학입시를 성공적으로 이루려는 학생과 학부모, 진학 지도를 하시는 중·고등학교 선생님들에게 최신의 자료와 유용한 정보가 담긴 믿고 따를 수 있는 입시교과서가 되길 바랍니다.

장정현

목차

★ CHAPTER 2 ★

고등학교 선택 어떻게 해야 할까?

★ CHAPTER 3 ★

특목/자사고를 목표로 하라

───────────────── ★ CHAPTER 4 ★ ─────────────────

중학교 때 시작하는 대학입시 맞춤 국·수·영 학습법

───────────────── ★ CHAPTER 6 ★ ─────────────────

나에게 맞는 입시 전형

★ CHAPTER 7 ★

결국 학종을 입시의 중심에 두어야 성공한다

표 목차

CHAPTER 1

중학 3년, 대학을 결정한다

중학교 때 꿈이
대학을 결정한다

꿈이 생기면 공부가 즐겁다

꿈이 생기면 공부가 즐겁습니다. 중학생 시절에 가져야 할 가장 중요한 목표는 바로 내가 어떤 일을 하고 싶은지 어떤 삶을 살고 싶은지 알아 가는 것입니다. 꿈을 가지고 학습할 때와 그렇지 않을 때는 엄청난 차이가 있습니다. 같은 시간 동안 공부했는데 다른 결과를 냈다면 이루고자 하는 꿈이 있느냐 없느냐를 먼저 살펴보세요. 꿈이 있는 사람은 그렇지 않은 사람보다 자율적입니다. 꿈이 곧 학생의 학습 동기가 될 수 있습니다.

꿈이 확실한 사람은 활기가 있습니다. 확고한 꿈을 향해 달려가는 사람과 아무런 꿈이 없이 그냥 사는 사람은 차이가 극명합니다. 꿈은 스스로 최선을 다하도록 하는 촉진제 역할을 합니다. 미래의 꿈이 너무 현실적일 필요는 없습니다. 남들이 보기에는 불가능해 보여도 '커다란 꿈'을 가지는 것이 좋습니다. 큰 꿈은 힘든 상황이 닥쳐도 이겨낼 수 있는 버팀목이 됩니다.

또한 꿈을 향해 부단히 노력하면 결국 원하는 꿈을 이룰 수 있습니다. 학생의 장래희망이 시시각각 변하는 건 당연합니다. 하지만 당장 실천해야 하는 작은 목표와 커다란 목표는 반드시 세우도록 노력해야 합니다.

부모와 자녀가 가장 큰 마찰을 보이는 부분이 바로 "왜 특목고나 명문대를 가야 하는가?"입니다. 부모는 학생이 공부해야 하는 이유를 찾도록 도와주어야 합니다. 먼저 학생 자신이 좋아하는 것과 하고 싶은 것이 무엇인지 생각해 보게 하세요. 좋은 대학에 진학하는 것이 꿈을 이룰 수 있는 가장 효과적인 방법 중 하나라고 학생이 스스로 깨닫게 되면 학습 동기가 생기게 됩니다. 그러면 학생에게 '공부하고 싶은 마음'이 생길 것입니다.

꿈을 확신하라

꿈을 찾았다면 그 꿈을 이룰 수 있다고 확신하는 것이 중요합니다. 그리고 꿈을 이룬 자신의 모습을 상상하세요. 자신을 믿는 것이 꿈을 이루는 강고한 초석입니다. 무언가를 간절히 원하면 꼭 이루어집니다. 간절한 마음으로 노력하기 때문입니다. 노력 없이 얻을 수 있는 것은 아무것도 없습니다.

실현될 것이라고 믿지 않는 꿈은 절대로 실현될 수 없다는 것을 알 것입니다. 꿈에 대한 확고한 믿음이 있다면 그다음에는 계획을 세우고 최선을 다해야 합니다. '할 수 있다.'는 자신감은 잠재력을 깨웁니다. 계획을 실천하는 과정 중에 실패나 좌절이 있을 수 있습니다. 특히 슬럼프에 빠져 방황하더라도 자신감을 잃지 않는 것이 중요합니다. 과도하게 결과 달성 여부에 대하여 걱정하거나 실수를 두려워하지 않도록 합니다.

실수는 그 일을 이루게 하는 밑거름입니다. 스스로에 대한 믿음만 있으면 오히려 더욱 강해지고 더 큰 내공을 지니게 됩니다. 자신에 대한 믿음을 가지고 꿈을 향해 달리도록 합니다.

꿈을 향한 목표를 원대하게 설정하라

꿈은 꿈꾸는 크기만큼 이루어집니다. 목표 대학을 설정할 때 현재 성적을 기준으로 하지 말고 진짜 가고 싶은 대학을 설정하도록 합니다. 중학 3년을 어떻게 보내느냐에 따라 설정한 목표 대학에 진학할 확률이 높아집니다. 그만큼 중학 3년의 시간은 중요합니다.

어떤 꿈을 이루었을 때 성취감이 가장 클지 생각해 보고 가장 큰 성취감이 예상되는 걸 '원하는 미래'로 삼는 것이 좋습니다. 슬럼프가 찾아왔을 때 '미래의 내 모습'을 떠올리고 마음을 다잡을 수 있습니다.

중학생 때 목표 대학과 목표 학과를 설정하는 것이 꿈을 이루는 것에 도움이 됩니다. 목표 대학과 학과는 고등학교 2학년에 정하는 게 아닙니다. 중학생 때 가고 싶은 고등학교에 대한 단기 목표와 진학하고자 하는 대학을 함께 생각하세요. 특목고를 목표로 해도 좋습니다. 목표를 정하면 공부 효율이 올라갑니다. 적절한 목표를 세우고 그것을 달성하기 위해 계획을 실천하는 과정에서 재미와 활기를 느끼면 이미 성공입니다.

작은 목표를 실천하여 성취감을 느끼도록 하라

작은 목표를 실천하여 성취감을 느끼는 것은 꿈을 이루는 시작이며 완성입니다. 생활 습관이나 학습 습관이면 더욱 좋습니다. 이것을 이루는 것 자체가 성공입니다. 작은 목표를 이루었을 때 칭찬과 격려는 가장 큰 힘이 됩니다. 자기 스스로에 대한 믿음이 생기고 자신을 이끌어 갈 힘이 생깁니다.

성적 향상과 좋은 대학이라는 목표는 저절로 따라옵니다. 당장 이룰 수 있는 목표를 설정하고 하나씩 이루어 내면 그런 과정에서 축적된 자신감과 방법상의 노하우가 더 큰 목표를 구축하고 달성하게 하는 데 큰 바탕이 될 것입니다.

함께 꿈을 키워 가는 부모가 되자

부모는 아이가 꿈을 갖고 그것을 이루기 위해 명문 대학에 가길 바랍니다. 아이의 학습에 도움이 된다면 경제적인 지원을 아끼지 않을 각오도 되어 있습니다. 그렇지만 아무리 부모가 원해도 아이 스스로 원하는 꿈이 없다면 소용없습니다. 부모가 대신 시험을 봐 줄 수도 없는 노릇입니다. 억지로 끌고 가는 데에는 한계가 있습니다. 부모는 답답할 뿐입니다.

꿈은 저절로 생기지 않습니다. 꿈이 생기길 막연히 기다리다가는 때를 놓칩니다. 부모나 교사의 역할이 중요합니다. 꿈을 이루기 위해 좋은 대학을 가고자 하는 목표의식을 심어 줄 수 있는 한 가지 방법을 소개하겠습니다. 많은 부모가 경험을 통해 확인한 것이니 너무 당연하다 생각하지 않고, 하루아침에 바뀌길 바라지 말고 꾸준히 시도하는 게 포인트입니다.

첫째, 대화 화제를 신경 씁니다. 초등학생 때부터 특목고나 명문대의 장점을 부각시켜 얘기합니다. 특히 활발한 동아리활동이나 운동, 취미활동, 기숙사생활 등을 소개하거나 학교생활이 잘 나와 있는 특목고 소개 책자도 좋습니다.

둘째, 선배들로부터 직접 이야기를 듣도록 안내합니다. 주위에 롤모델이나 멘토가 있으면 쉽게 꿈이 생깁니다. 친척이 이러한 역할을 해 주면 효과가 큽니다. 직접 얘기를 듣기 때문에 즉각적으로 영향을 받습니다. 이러한 조건이 되지 않더라도 특목고 학생들을 만날 기회를 만들어 학교생활이나 입시 과정 등을 알려 줍니다.

셋째, 가고자 하는 고등학교나 대학을 함께 탐방합니다. 부모 혼자가 아니라 아이와 함께 학교설명회에 참여해 보세요. 특목고 대비 학원이 주최하는 설명회가 아니라 해당 학교에서 직접 개최하는 설명회에 참여하는 게 좋습니다. 학교 관계자나 선배가 하는 조언은 평소에 많이 들었던 얘기일지라도 새로운 느낌으로 다가옵니다. 탐방 후에 아이의 학습 태도가 크게 달라지는 것을 경험할 수 있을 것입니다.

넷째, 아이와 함께 서점에 가서 수기집이나 성공 스토리, 공부 방법을 소개한 책을 직접 골라 읽게 합니다. 본인이 가고 싶은 학교의 홈페이지 등을 둘러보는 정도까지의 동기부여는 저절로 생기지 않습니다. 아이에게 꿈을 심어 주려고 노력하는 건 부모와 교사의 역할입니다. 아이가 꿈에 한 발 더 앞서 갈 것입니다.

중학 3년,
학습 습관이 대학을 결정한다

입시 전쟁터에서는 고등학교에 입학한 1학년 시점이면 이미 승패가 결정되어 있다고 이야기합니다. 입학할 대학이 보인다는 것입니다. 판단 기준은 2가지입니다. 하나는 실력이고, 또 다른 하나는 학습 습관입니다. 2가지가 갖추어져 있으면 이미 승리한 것이고, 그중 한 가지만이라도 준비가 되어 있으면 성공 가능성이 높습니다. 특히 잘 잡힌 학습 습관은 고등학교 진학 후에도 엄청난 저력을 발휘합니다.

'3주 따라 하기'와 '하루 실천'

습관처럼 공부해야 합니다. 좋아서 공부하는 아이가 몇이나 될까요? 학습을 습관으로 만들어야 합니다. 우리는 습관이 인생을 바꾸는 경우를 종종 경험합니다. 올바른 식사 습관이 건강을 지켜 주는 것처럼 올바른 학습 습관이 입학 대학을 결정합니다.

학습 습관을 들이는 가장 좋은 방법은 목표로 하는 위치에 있는 사람들의 공부 방법을 그대로 따라 해 보는 것입니다. 특목고에 들어간 사람, 서울대에 진학한 사람, 의대에 다니는 사람 등 이미 어떠한 목표를 성취한 사람을 롤모델로 삼아 그들의 합격 수기, 인터뷰, 조언, 도서 등을 찾아봅니다. 그리고 그들의 학습 습관을 따라 해 보세요. 이를 꾸준히 실천하고 몸에 배도록 하면 자신의 학습 습관을 만들 수 있습니다.

3주간 꾸준히 실천하면 자신의 습관으로 굳어질 수 있습니다. '3주 따라 하기'는 쉬울 것 같지만 결코 쉽지 않습니다. 하지만 단 3주만 실천하면 학습 습관이 잡히니 해 볼 만합니다. 입학 대학과 어쩌면 인생까지 바뀔지도 모르니 반드시 학습 습관을 만들어 보기 바랍니다. 초등학생 때 잡지 못했다면 중학생 때가 학습 습관을 바로 잡을 수 있는 마지막 시기입니다. 고등학생 때는 학업에만 집중하기에도 벅찹니다. 고등학교 진학 전에 확실히 학습 습관을 들이도록 해야 합니다.

그런데 어떤 학생이든 잘 고쳐지지 않는 학습 습관이 한두 개씩 꼭 있습니다. 한꺼번에 고치려 하기보다 단 하루 동안만이라도 나쁜 학습 습관을 버리는 걸 목표로 해 보세요.

예를 들어 특히 집중력이 흐트러지는 수업을 정해 그날 하루만큼은 수업에 집중하며 적극적으로 참여해 보는 것입니다. 하루 시도로 나쁜 습관을 없앨 수 있을까에 대한 의구심이 들겠지만 의외로 많은 학생이 효과를 본 방법입니다. 이러한 '하루 실천'을 몇 가지 경우로 확대하고, 일정 시간이 지난 다음에 한 차례 반복합니다. 실로 놀랄 만한 효과를 느낄 수 있을 것입니다.

중학 3년, 독서가 꿈을 키운다

책 읽기의 중요성은 아무리 강조해도 지나치지 않습니다. 명문대에 합격한 아이들은 각자의 방식으로 공부했으나 공통점이 하나 있습니다. 그들은 모두 책을 많이 읽었다는 것입니다. 대부분은 그 책 속에서 꿈을 발견하고 키웠습니다. 중학교 시절의 독서는 목표 설정에 도움을 주고 내적 성장을 도모합니다.

그만큼 책 읽는 습관은 매우 중요합니다. 어려서부터 책을 많이 읽게 하세요. 그리고 책 속에 모든 길이 있다는 생각을 갖도록 하세요. 아이가 중학생인데 아직 꿈이 없어 걱정이라면 책을 읽히세요. 책은 꿈꾸는 법을 가르쳐 주는 진짜 스승입니다.

중학교 때까지 쌓은 독서량의 차이는 국어뿐 아니라 고등학교 전 과목에 걸쳐 문제 인지 능력에서 큰 차이를 보입니다. 독서가 영어나 수학 등 다른 과목과는 무관한 듯 보이지만 절대 그렇지 않습니다. 독서의 양과 질은 논리적 사고력과 종합적 이해 능력에 결정적인 영향을 미칩니다. 국어는 말할 것도 없고 영어 독해와 탐구 영역, 논술 시험 문제해결을 위한 배경 지식이 됩니다.

수능 영어의 핵심은 얼마나 정확하게 글의 요지를 파악하느냐입니다. 이때 지문 자체에 대한 지식이나 문제풀이 방법뿐 아니라 상당한 배경 지식이나 추론 능력이 필요합니다. 특히 2등급에서 1등급으로의 상승은 독서량에 의해 결정된다고 해도 과언이 아닙니다.

창의적 사고력을 필요로 하는 수학 문제는 상황이나 도형 등이 제시될 때 그 상황을 이해하여 수학적 사고를 통해 문제해결을 해야 합니다. 언어에 대한 이해력이나 감각 없이는 수학 실력이 좋아도 한계가 있기 마련입니다. 어려운 문제를 몰라서 틀리기보다는 문제와 선택지를 이해하지 못하여 틀리는 경우가 상당합니다.

언어 능력은 단순히 국어 시험 성적을 말하는 것이 아닙니다. 글을 빠르고 정확하게 읽는 능력, 다른 사람의 말을 정확하게 이해하는 능력, 자신의 생각을 말과 글로 조리 있게 전달하는 능력 등을 말합니다. 이러한 능력은 시험을 볼 때 문제를 정확하게 이해하고 출제자의 의도를 파악하는 데 도움이 됩니다. 뿐만 아니라 면접이나 대입 논술 등을 준비할 때도 커다란 영향을 미칩니다.

양질의 독서는 삶의 밑거름이기도 합니다. 책 읽기의 가장 중요한 시기가 바로 중학교 때입니다. 고등학교 때는 본격적인 입시 준비로 책 읽을 시간을 확보하기가 쉽지 않습니다. 물론 독서는 시간이 남을 때 하는 게 아닙니다. 시간을 내서 반드시 해야 하는 것입니다.

중학 3년, 자기주도학습 능력을 키워라

흔히 자기주도학습이라 하면 혼자서 하는 공부, 학원이나 과외를 받지 않고 스스로 하는 공부라고 좁게 해석하기 쉽습니다. 이는 잘못 이해한 것입니다. 자기주도학습이란 목표를 가지고 스스로 계획을 세워 필요한 학습을 하는 것을 의미합니다. 이는 교과 학습뿐 아니라 문제해결 능력이나 창의력 등을 발휘하는 것을 포함합니다.

자기주도학습은 시간 관리가 핵심이다

자기주도학습의 포인트는 효율적인 시간 관리입니다. 누구에게나 하루 24시간이라는 똑같은 시간이 주어집니다. 하지만 성공하는 사람은 하루를 48시간이나 72시간처럼 활용합니다. 다음은 효율적으로 시간 관리를 하기 위한 수칙들입니다.

첫째, 시간 관리의 출발은 미루는 습관을 없애는 것에서 시작합니다. 일을 미루면 쉽게 할 수 있는 것도 더 많은 시간과 노력을 들여야 합니다. 한 번 미룬 일은 연달아 다른 일들까지 발목을 잡으며 주위 상황과 맞물려 계속해서 트러블을 만듭니다.

둘째, 자투리 시간을 효과적으로 활용합니다. 최상위권 학생은 자투리 시간을 소홀히 하는 경우가 거의 없습니다. 오히려 자투리 시간에 집중이 잘되는 과목들이 있습니다. 자투리 시간이 모이면 생각보다 엄청난 양입니다. 공부 고수들은 자투리 시간이 단순 시간 대비 몇 배의 효과를 발휘한다고 말합니다.

셋째, 시간을 좀먹는 것들을 멀리합니다. 휴대폰과 컴퓨터는 시간을 빼앗아 갈 뿐 아니라 집중력을 흐트러뜨리는 주범입니다. 학생들에게 가장 어려운 부분입니다. 따라서 휴대폰과 컴퓨터 노출 시간 관리가 학창시절 성패의 관건이라 해도 과언이 아닐 것입니다.

넷째, 깨어 있을 때 집중력으로 효율성을 높입니다. 학교 수업시간에 졸거나 멍한 상태로 있는 사람은 맑은 정신으로 집중력을 발휘하는 사람을 이길 수 없습니다. 수업시간에는 딴짓을 하지만 그 외 시간에는 따로 노력하니까 괜찮다고 생각한다면 오산입니다. 어떠한 노력을 한다고 하더라도 수업시간을 놓친다면 경쟁이 될 수 없습니다.

질문이 학습의 기본이다

이해하지 못했는데 그냥 넘어가는 것은 좋지 않은 습관입니다. 모르는 것만 문제가 되는 것이 아니라 그것으로 인해 다음 것도, 또 그다음 것도 모른 채 넘어갈 수밖에 없습니다. 마치 수도관이 서서히 막히는 것과 같습니다. 처음에는 물의 흐름을 조금 느리게 하지만 그것으로 인해 계속 걸리게 되고 결국은 완전히 막히고 마는 것입니다.

반면에 끊임없이 "왜?"라며 질문하는 습관이 몸에 밴 사람은 배움의

즐거움을 압니다. 막히는 현상과는 반대 상황입니다. 막힌 것을 하나 뚫어 놓으면 조금씩 물의 흐름이 생기고 또 하나의 의문이 해결되면 점점 막힘이 없어집니다. 당연히 재미가 뒤따릅니다. 효율적인 공부는 바로 질문하는 것에서 출발합니다. 질문에 대한 대답은 선생님으로부터 얻을 수도 있고 스스로 책에서 찾아볼 수도 있습니다. 끊임없이 "왜?"라고 외쳐 보세요.

오답은 실력을 부른다

오답은 자신의 문제점을 파악하고 한 단계 발전할 수 있는 좋은 계기를 마련해 줍니다. 단순한 실수도 있지만 대부분은 개념을 확실하게 알지 못했기 때문에 발생합니다. 어느 경우든 결정적인 순간에 실수하는 일이 없어야 합니다. 이를 방지하기 위해 평소 실수를 줄이는 노력을 해야 합니다. 실수로 틀린 부분을 확실하게 해결하고 넘어가세요. 이러한 습관만 있으면 오히려 실력을 높이는 계기가 될 수 있습니다.

나만의 공부 스타일

아이들은 저마다 개성이 뚜렷합니다. 각자 환경도, 성적도, 성격도 다르기 때문에 똑같은 공부 방법을 고집하는 것은 바람직하지 않습니다. 자신에게 맞는 공부 방법을 찾아야 합니다. 많은 사람에게 좋은 공부법이라고 모두에게 똑같이 좋은 공부법이라고 할 수는 없습니다.

자신에게 적합한 공부 방법을 선택하여 적용하는 과정이 필요합니다. 이때 열린 마음으로 타인의 좋은 학습법을 배우는 것은 자기주도 학습 능력을 키우는 매우 좋은 방법입니다. 공부 고수들은 모두 본인에게 맞는 공부법을 찾은 덕분에 목표를 향해서 성큼 다가갈 수 있었습니다. 자신만의 공부 방법을 찾기 위해 꾸준히 노력하고 효과적인 학습 방법에 늘 관심을 가지고 그것을 하나씩 실천해 나간다면 커다란 발전을 이룰 수 있습니다.

학원을 다니고 과외를 받아도 좋습니다. 하지만 공부란 결국 혼자서 이해하고 설명할 수 있어야 합니다. 혼자서 이해하고 반복하는 시간이 없다면 말짱 도루묵이 됩니다. 강의나 수업을 들은 후에는 반드시 자신의 것으로 만드는 시간을 가져야 합니다. 그 과정이 공부의 핵심입니다.

플래너 200% 활용, 학습 계획을 세워라

계획 세우기

구체적인 계획을 세워 공부하는 것이 매우 중요하다는 것을 모두 알고 있지만 이를 실행하기는 참 어렵습니다. 학습 플래너를 활용해 보세요. 학습 플래너는 각 과목별로 중요도에 따라 시간을 효율적으로 배분할 수 있고, 불필요하게 낭비되는 자투리 시간을 찾아낼 수 있으며, 목표를 세우고 목표 수행에 대한 점검을 효율적으로 할 수 있습니다. 아울러 목표 달성 여부에 따라 동기를 유발하기도 하고 스스로 반성의 시간을 갖게도 합니다. 플래너를 쓰는 즐거움을 아는 학생이라면 이미 절반 이상 승리한 것이라 봐도 좋습니다. 다만 누군가의 강요가 아닌 본인 스스로 플래너를 쓰고 활용할 때 효과가 가장 크다는 점을 기억해야 합니다.

주간 단위 학습 계획

학습 계획은 장기적인 목표를 두고 작성하는 것이 바람직합니다. 큰 시험을 준비하는 수험생이라면 1년 이상의 시간을 두고 목표를 달성하기 위한 학습 계획을 세우는 것이 좋습니다. 1년 공부 목표를 세우고 그 목표에 도달하기 위해 1개월마다 도달해야 할 목표를 세웁니다. 그다음 그 1개월 동안 도달할 목표를 위해 1주일 공부 목표와 하루 단위 공부 목표를 세워야 합니다.

여기에서 중심이 되는 것은 주간 단위 학습 계획입니다. 장기적인 목표부터 세우되 구체적인 공부 계획은 일주일이나 하루 단위로 세워야 합니다. 그렇게 해야만 자신의 학습 향상 정도를 그때그때 평가하고 다음 계획에 바로 반영할 수 있기 때문입니다. 단순히 실천 여부만 점검하는 것이 아니라 얼마나 충실히 공부했는지를 표시해 다음 계획에 반영해야 합니다.

플래너 피드백

플래너 활용 고수들은 피드백을 철저히 합니다. 어떤 계획을 세웠고 실천했는지, 그러한 계획과 실천이 내 목표를 달성하기 위해 적절했는지 평가하고 다음 계획을 세울 때 반영합니다. 피드백을 위해서는 전에 작성한 플래너를 버리지 않아야 합니다. 결과가 자신의 기대에 못 미치는 경우, 이전 플래너의 내용을 찾아보고 부진한 원인을 분석해 다음에는 절대로 반복하지 않도록 합니다.

공부 고수의 노트 정리법

한 조사에 의하면 서울대 합격생 97%가 노트 정리로 공부했다고 합니다. 보통 사람들은 노트 정리를 단순히 배운 내용을 정리하는 '기록'의 의미로 생각합니다. 하지만 공부 고수들은 노트 정리를 '자기의 것으로 체화하는 과정'으로 생각합니다. 그들의 노트를 들여다보면 개념, 원리, 문제풀이과정 등을 자기 자신에게 알기 쉽게 설명해 주는 방식으로 정리해 놓았습니다. 다음은 노트 정리법의 핵심입니다.

첫째, 노트 정리보다는 '생각 정리'가 먼저입니다. 많은 내용 중에서 무엇이 가장 중요한지 핵심을 파악하여 생각을 정리한 다음 노트 정리를 합니다. 예를 들어 개념을 정리할 때는 노트에 쓰기 전에 먼저 왜 그렇게 되는지 생각해 보고 완전히 이해한 후 자신에게 설명하듯 정리하는 것입니다.

둘째, 노트 정리는 형식 자체보다 사고 과정에 중점을 두어야 합니다. 노트 정리는 지식을 이해하고 내 것으로 만들기 위해 하는 것입니다. 정리하며 생각하는 과정을 거치는 동안 비로소 이해할 수 있게 됩니다.

셋째, 노트를 정리하는 과정에서 내용을 이해한 후 '암기'하는 것이 가장 좋은 방법입니다. 학생들 중에는 아무 생각 없이 소위 멍 때리며 필기하는 경우가 더러 있습니다. 노트 필기는 깨끗이 정리되어야 합니다. 보기 좋으라고 노트 필기를 깨끗이 하라는 게 아닙니다. 그렇게 정리하는 과정에서 이해도가 높아지기 때문에 깨끗이 하라는 것입니다. 당연히 노트 정리를 제대로 하려면 수업이나 학습 과정에서 집중력이 높아질 수밖에 없습니다.

넷째, 노트 정리는 자신의 개성에 따라 자신의 언어로 표현해야 합니다. 개념 정리, 헷갈리는 부분 메모, 틀린 부분 확인 등 다양한 방식으로 활용할 수 있습니다. 중요한 것은 자신의 색깔에 맞는 방법으로 자신을 위한 노트 정리를 하는 것입니다.

잘 정리된 친구의 노트가 나에게는 큰 도움이 되지 않습니다. 잘 정리된 내용은 자습서나 요약집에도 있습니다. 노트 정리는 정리한 사람의 언어로 그 사람의 사고 과정을 나타낸 것입니다. 빌린 노트는 맞지 않는 다른 사람의 옷을 빌려 입은 경우와 같습니다.

중학 3년,
집중력이 대학을 결정한다

중학 3년은 가장 반항적인 시기이자 몰입의 시기이다

아이가 한창 컴퓨터게임 중일 때의 집중력은 참으로 놀랍습니다. 그 정도의 집중력으로 공부에 몰입하면 최상위권도 진입할 거라고 부모는 우스갯소리를 합니다. 아이가 관심을 가져야 집중력이 생깁니다. 관건은 그 집중력을 어떻게 학업이나 진로 탐색으로 끌어오느냐입니다.

아이가 하고 싶고 또 할 수 있는 목표라면 집중력이 높아집니다. 먼저 큰 목표를 종이에 써서 눈에 보이는 곳에 붙여 놓습니다. 그리고 큰 목표에 가까워지는 세부 목표를 차례로 세웁니다. 이때 집중해야 할 목표가 단기적이고 구체적일수록 실천하기 쉽습니다.

아이마다 같은 시간을 공부해도 공부한 양이 다릅니다. 바로 집중력이 다르기 때문입니다. 사실 중학교 학습은 학습량이 적고 변별력이 약해서 그 차이를 크게 느끼지 못합니다. 그러나 고등학교 학습은 '집중력=실력'이라 할 정도로 확연한 차이를 보입니다. 그래서 전문가들이 입을 모아 "결국은 집중력 싸움입니다."라고 하는 것입니다.

집중력은 흥미나 동기부여를 통해 후천적으로 높일 수 있습니다. 다만 집중력은 단기간에 형성되지 않습니다. 반복적인 연습으로 집중하는 시간을 늘릴 수 있습니다.

아이 집중력을 저해하는 건 오히려 '엄마'

"왜 내 아이는 집중력이 없을까?", "왜 내 아이는 집중력이 오래 가지 않을까?" 하고 엄마들이 한탄하곤 합니다. 하지만 아이가 집중할 수 없는 원인을 찾아보면 대부분 엄마에게 있습니다. 오히려 아이의 집중력을 방해하면서 집중력 부족을 한탄하고 있는 셈입니다. 집중력을 방해하는 행동은 많습니다. 잦은 요구, 지나친 간섭, 일방적 지시, 너무 짧은 체크 간격, 짜증이나 화내는 말투, 생각 없이 하는 말, 부모의 TV 시청, 부부싸움, 다른 사람과의 비교 등이 있습니다.

아이의 집중력을 높이는 부모의 행동으로는 아이 곁에서 간섭하지 않고 칭찬해 주기, 해야 할 행동 짚어 주기, 과제 가끔 상기시켜 주기, 목표의식 유도하기, 짜증 섞인 지적이 아니라 계획적인 말과 행동하기 등을 들 수 있습니다. 대부분 상위권 학생들은 부모가 영감을 줄

뿐 개입하지 않습니다.

집중력도 훈련이다

시간 재면서 공부하기

효과적인 집중력 향상 훈련법으로 '시간 재면서 공부하기'가 있습니다. 바로 스톱워치를 이용하는 것입니다. 시간을 정한 다음(예를 들어 20분) 스톱워치에 입력하고 그 시간 동안 오롯이 공부에 집중하는 것입니다. '집중력의 시간'이라고 이름 붙이고 30분, 1시간… 시간을 점점 늘려 갑니다. 그 시간만큼은 휴대폰도 꺼 놓고 누가 말을 걸어도 무시하기로 정합니다. 자신이 하기로 정한 일에 몰두하는 것입니다. 이 훈련법은 고등학교 시험에서 중요시되는 '문제풀이속도'에도 도움이 됩니다.

시간과 분량으로 목표 정하기

시간과 분량을 정해 놓고 공부하면 보다 더 높은 집중력이 발휘됩니다. 예를 들면 '30분 내에 과제를 끝내겠다.', '20분간 10문제를 풀겠다.' 등입니다. 이 훈련법은 금세 집중력이 흐트러지는 아이에게도 긴장감을 주어 집중하게 만듭니다.

잠 줄이기보다 숙면하기

수면이 부족하면 피로도 쌓이고 집중력도 떨어집니다. 밤늦게까지 깨어 있으면 낮 시간에 높은 집중력을 발휘하지 못합니다. 잠의 양보다는 충분한 피로를 풀고 몸의 휴식을 취할 수 있는 숙면이 중요합니다. 충분한 숙면을 하면 학습한 내용들이 자는 동안 뇌에서 정리되어 오래 기억에 남는다고 합니다. 마음이 편해야 잠도 잘 오고 공부나 주어진 일에 집중할 수 있습니다. "잠들지 않는 사람은 휴식할 수 없다."(제롬), "휴식은 영혼의 식사다."(캐토)라는 말이 있습니다.

학교 수업부터 충실하라

수능 만점자의 인터뷰에 꼭 빠지지 않는 말이 있습니다. "교과서 중심으로 학교 수업시간에 집중했다." 그런데 뻔한 그 말이 바로 정답입니다. 하루에 가장 많은 시간을 학교에서 보내는데 수업시간에 집중하는 것보다 더 효율적인 공부 방법이 어디에 있겠습니까?

학교 시험의 모든 소스는 각 교과담당 선생님에게서 나옵니다. 교사들은 수업시간에 열심히 귀 기울이는 학생을 좋아합니다. 자주 찾아가고 질문을 많이 할수록 시험에 대한 정보를 얻을 수 있습니다.

수업시간에 열심히 필기하는 학생이 많습니다. 그런데 사고 과정 없이 습관적으로 필기하는 학생이 대부분입니다. 수업시간에 배운 내용을 이해하고 핵심 내용은 바로바로 외우는 습관을 기르세요. 이러한 습관이 들면 특히 암기과목은 시험 준비 시간이 반으로 줄어듭니다. 확실하게 최상위권으로 도약할 수 있는 발판이 됩니다.

수업 시작 직전 1분간 교과서를 펴고 오늘 공부할 부분을 대략 훑어 보세요. 제목 정도만 읽어 봐도 좋습니다. 수업시간에 선생님의 설명이 훨씬 귀에 잘 들어옵니다. 수업이 끝난 직후 1분간 오늘 진도 나간 부분을 훑어보며 대략 정리해 봅니다. 그냥 끝내는 경우보다 훨씬 오랫동안 수업 내용이 기억에 남습니다.

집중력을 방해하는 나쁜 습관을 버려라

휴대폰 확인하기, 음악 듣기, 볼펜 돌리기, 다리 흔들기, 손톱 물어뜯기 등 주의를 분산시키는 여러 나쁜 습관이 있습니다. 이런 습관을 버리는 건 좋은 습관 만들기만큼이나 중요합니다.

휴대폰이 가까이 있으면 자꾸 열어 보고 싶습니다. 게임기나 만화책 등이 바로 옆에 놓여 있다면 어떨까요? 책상 위에는 학습서만 놓고 깨끗이 치우도록 합니다.

자신의 집중력을 방해하는 요소를 아이 스스로 알고 있습니다. 나쁜 습관이 굳어졌다면 살짝 바꾸어 보세요. 예를 들어 습관적으로 음악을 들으며 공부하는 아이라면 가사가 없는 클래식 등으로 바꿔 보는 것입니다. 스스로의 다짐을 공부방에 붙여 놓는 것도 좋은 방법입니다. "공부하면서 음식 먹지 말자.", "휴대폰은 오늘 할 일을 마치고 보자." 등의 문구를 적어서 붙여 보세요.

집중력을 저해하는 환경이나 습관을 개선하려는 시도를 해 보세요. 집중력을 저해하는 요소들을 버리지 않은 채 목표를 이룰 수는 없습니다. 집중력을 키워 효율성을 높이기 위한 첫걸음은 내가 반복하고 있는 나쁜 습관을 버리는 것부터 시작됩니다.

중학 3년간 쌓은 실력이 대학을 결정한다

선행학습과 심화학습은 필수이다

선행학습과 심화학습은 어디까지 하는 것이 좋을까요? 제대로 된 선행학습과 심화학습이면 많이 할수록 좋습니다. 지나친 선행학습과 심화학습이 오히려 독이 될 수 있다는 의견도 있습니다. 하지만 입시 전문가들은 명문대 진학을 꿈꾼다면 충분한 선행학습과 깊이 있는 심화학습은 필수라고 말합니다.

명문대 진학을 목표로 하고 있다면 선행학습과 심화학습은 선택이 아닌 필수입니다. 많이 앞설수록 그만큼 시간을 벌 수 있습니다. 탄탄한 선행학습과 심화학습을 한 학생은 유리한 고지에서 출발할 수 있으므로 경쟁력에서 앞섭니다. 다만 선행학습과 심화학습은 학생이 소화할 수 있는 범위 내에서 이루어져야 합니다.

그렇다면 선행학습에 더 중심을 두어야 할까요? 심화학습에 중심을 두어야 할까요? 선행학습이 되면 심화문제를 쉽게 접근할 수 있다는 주장, 심화학습이 되면 선행학습은 편하게 할 수 있다는 주장이 있습니다. 대체적으로 심화학습을 체계적으로 하는 것이 우선입니다. 심화문제를 해결하는 능력이 몸에 배면 선행학습은 쉽게 이루어지기 때문입니다. 이때도 중요한 것은 학생의 능력에 맞게 선행학습과 심화학습을 적절하게 선택하는 것입니다.

선행학습은 기초가 다져졌다는 것을 전제로 해야 합니다. 즉 현재 배우는 진도를 완전하게 익혀야 합니다. 지금 배우고 있는 부분을 불완전하게 익힌 경우는 오히려 역효과를 내기 쉽습니다. 진짜 실력을 키울 생각은 하지 않고 남들이 하니 우리 아이도 시켜야겠다는 생각은 위험한 발상입니다. 기초가 부실한 상태에서 건물의 층을 더 높이는 것과 같습니다. 자칫 공부에 대한 거부감을 크게 키울 수 있습니다. 어떤 과목이든 현재 진도에 대한 완전학습, 심화학습을 전제로 선행학습을 하는 것이 바람직합니다.

선행학습, 누구에겐 약이 되고 누구에겐 독이 된다

선행학습은 제대로 준비하면 확실히 남들보다 앞설 수 있고 명문대 진학에 유리한 고지를 점령할 수 있습니다. 하지만 선행학습에 대한 지나친 욕심은 공부를 부실하게 하고 아이의 학습 의욕을 꺾습니다.

선행학습이 학교 수업에 미치는 영향도 학생마다 다릅니다. '학교 수업을 이해하기 쉽다.', '아는 내용이라 더 적극적으로 학교 수업에 참여했다.' 등 긍정적인 반응을 보이는가 하면 '미리 학습한 내용이라 흥미를 잃었다.' 같은 부정적인 반응을 보이기도 합니다. 이처럼 선행학습은 약이 될 수도 있고, 독이 될 수도 있습니다. 약이 되는 선행학습을 하고 싶다면 '미리 학습한 다음 수업시간에 100% 이해하고 넘어가겠다.'라는 마음가짐을 가져야 합니다.

선행학습은 탐구욕을 충족시켜 주고 성취감을 안겨 줍니다. 이는 목표의식을 세우는 데 도움이 됩니다. 하지만 선행학습은 '양날의 칼'입니다. 제대로 준비하지 못한 경우에는 정반대의 결과를 낳을 수 있기 때문입니다. 진도 빼기식 선행은 수박 겉핥기 공부가 되고 잘못된 학습 습관이 몸에 밸 수 있습니다.

독이 되는 선행학습에 대해 좀 더 자세히 살펴보겠습니다. 먼저 아이의 학력 수준을 고려하지 않은 선행학습은 독이 됩니다. 보통 부모의 욕심으로 밀어붙이는 경우입니다. 기본학습과 심화학습이 이루어지지 않은 선행학습도 독이 됩니다. 기본학습이 탄탄하게 이루어진 상태에서 심화학습과 병행해 이루어진 선행학습이어야 합니다. 그래야만 아이의 지적 호기심을 자극하여 새로운 것을 배운다는 즐거움을 줄 수 있습니다. 마지막으로 선행학습 이후 학습 태도가 중요합니다. 미리 배웠다는 이유로 학교 수업에 집중하지 않는다면 선행학습은 독이 됩니다.

선행학습의 속도 조절에 실패하면 학습에 흥미를 잃을 수 있습니다. 선행학습을 소화하지 못해 좌절감을 느끼는 아이도 많습니다. '몇 년 앞서야 한다.'는 규칙도 없는데 아이가 본래 진도도 아닌 선행학습을 하다 좌절을 느껴서야 되겠습니까?

아이 학습 수준에 맞게끔 선행학습의 속도 조절을 신경 써야 합니다. 특히 가장 독이 되는 선행학습은 다른 학생과 진도 경쟁을 하게 되는 경우입니다. 소화되지 않은 상태에서 지속적인 선행학습을 하는 것은 계속해서 모래 위에 성을 쌓는 것과 같은 결과를 창출할 것입니다. 선행 후 심화가 담보되어야만 수고에 대한 보상이 있다는 것을 명심하기 바랍니다.

중학 3년간 키운 내신 관리 능력으로 고등학교 내신도 관리하라

특목고를 준비하는 학생 이외에는 중학교 내신에 크게 신경 쓰지 않을 수 있습니다. 그렇지만 내신 관리 능력은 고등학교생활에서 아주 중요합니다. 고등학교 3년 동안 내신 관리를 얼마나 잘하느냐에 따라 입학하는 대학이 달라질 수 있기 때문입니다. 중학교 3년 동안 내신 관리 능력을 기르는 것이 좋습니다. 미리 시행착오도 겪어 보고 노하우도 쌓아 보는 것입니다. 내신 관리 습관을 길러 고등학교에 진학해 실전에 돌입하는 게 훨씬 유리합니다(물론 특목고를 준비하는 학생이라면 중학교 내신 관리가 실전이어야 합니다.).

내신의 핵심은 학교 수업입니다. 시험을 출제하는 사람은 교사입니다. 수업시간에 강조한 범위에서 문제가 출제되는 게 당연합니다. 암기 과목은 해당 수업시간에 외워 버린다는 마음으로 수업에 임해야 합니다. 따로 시간을 내어 암기할 게 아니라 수업시간에 집중하여 끝낸다고 생각해야 합니다. 시간을 효율적으로 사용할 뿐 아니라 수업에 더 몰입할 수 있습니다.

어떤 분야에서 최고의 책이라는 의미를 강조하고 싶을 때 '교과서'라는 단어를 붙입니다. 실제 흐름을 파악하는 데는 교과서만한 책이 없습니다. 공부 고수들이 입을 모아 '교과서 중심으로 공부했다.'고 하는 이유가 그 때문입니다. 그들은 암기할 정도로 교과서를 수차례 정독합니다. 공부의 시작과 끝에는 항상 교과서가 있어야 합니다.

전교 석차에 올인하는 경우도 있습니다. 그러나 중학교 내신 관리에서는 석차보다 관리 능력을 기르는 데 중점을 두어야 합니다. 실제로 중학교 때 최상위권이었는데 고등학교 진학 후에는 그렇지 않은 경우도 많습니다. 중학교 내신에서 당장의 등수를 올리는 게 능사가 아닙니다. 멀리 보아야 합니다. 대학입시를 목표로 두고 고등학교 3년간을 보낼 내공을 쌓는다는 마음으로 접근해야 합니다.

중학 3년간 쌓은 국어·수학·영어 실력이
입학 대학을 결정한다

대학입시의 중심은 여전히 국어·수학·영어입니다. 이것은 대학입시 역사에서 한 번도 이견이 없던 불변의 진리입니다. 심지어 절대평가제로 전환되더라도 그 지위는 흔들림이 없을 것입니다. 국어·수학·영어는 일반고나 특목/자사고를 막론하고 대학입시를 좌우하는 큰 축입니다. 외고는 대학 진학 실적을 고려해 수학을 잘하는 학생을 뽑고, 명문대 이·공계 수시에서는 국어, 영어 잘하는 학생을 선호합니다. 수학은 변별력이 가장 큰 과목이고, 영어는 대학 진학 이후에도 기본으로 해야 하는 과목이기 때문입니다.

다년간 중·고등학생을 지도한 교육계 종사자라면 중학교 2학년만 되어도 그 학생이 어떤 고등학교생활이 맞을지, 어떤 대학에 진학할지 알 수 있습니다. 판단 기준은 크게 2가지입니다. 하나는 국어·수학·영어의 학력 수준이고, 다른 하나는 학습 태도입니다. 학습 태도는 차치하고 결국 국어·수학·영어 실력이 입학 대학을 결정한다고 봐도 과언이 아닙니다.

대학입시에 성공해 명문대에 진학한 학생들이 고등학교 진학을 앞둔 후배에게 가장 많이 하는 조언이 있습니다. 바로 국어·수학·영어의 충분한 선행학습과 심화학습입니다. 탄탄한 국어·수학·영어 실력은 고등학교생활을 제대로 할 수 있는 원동력입니다. 학생들 간의 쟁쟁한 경쟁으로 인한 팽팽한 긴장감으로 스트레스를 받기 쉬운 특목/

자사고에서조차 국어·수학·영어 실력이 탄탄하면 고등학교생활을 즐길 수 있습니다. 내신에 만전을 기할 수 있고 동아리활동이나 논술 등을 보완하는 데 여유가 생기기 때문입니다. 고등학교 3년간 알차게 시간을 활용하며 즐겁게 학교생활을 한 학생은 대학입시에서 성공할 확률이 높습니다.

과거 과학고나 외고는 시험을 통하여 학생을 선발했습니다. 따라서 시험 준비의 기본 과정으로 올림피아드나 각종 수학경시대회 혹은 TOEFL이나 TEPS 등 인증 시험을 준비하는 것이 필수였습니다. 하지만 내신 위주로 전형이 바뀜에 따라 수학경시대회나 영어 인증 시험의 무용론이 제기됐습니다. 하지만 명문대 입학을 목표로 한다면 수학경시대회나 영어 인증 시험을 통해 실력을 쌓아야 합니다. 특목/자사고 안에서도 결국 경쟁력을 갖춘 학생들이 명문대를 갑니다. 일반고도 마찬가지입니다.

대학입시 준비에
몇 학년이 가장 중요한가요?

대학 진학에서 중학교 때부터 고등학교 때까지의 6년 기간 중 어느 학년이 가장 중요하고 결정적인 시기일까요?

대학 진학에 따른 학년별 상대적 중요도

학년	중1	중2	중3	고1	고2	고3
중요도	★★	★★★★	★★★★★★	★★★★★	★★★	★
순위	5위	3위	1위	2위	4위	6위

위의 표는 중·고등학교 학생들을 오랫동안 지도해 온 필자의 경험을 토대로 추정한 학년별 중요도입니다. 일반적으로 대학 입학 시험에 가까운 고3, 고2, 고1 순으로 시기별 중요도를 인식하고 있습니다. 하지만 현장에서 아이들을 가르치고 입시 준비를 지도해 본 결과 일반적인 인식과 실상은 커다란 차이가 있습니다. 중3, 고1이 가장 결정적인 시기입니다.

CHAPTER 2

고등학교 선택 어떻게 해야 할까?

서울대와 의대 합격자를 분석하면 고교 선택이 보인다

서울대 합격자 현황을 기준으로 분석하라

서울대 합격자가 의미 있는 것은 중복 합격자가 없기 때문입니다. 보통 고교에서 학교별 명문대 진학 실적을 발표할 때는 여러 대학에 중복 합격한 숫자로 부풀려 발표하기 때문에 정확한 합격 인원과 입학 실적을 파악하기가 쉽지 않습니다. 서울대 합격생의 대부분은 고대·연대·서강대·성균관대·한양대에 중복 합격하기 때문에 서울대 합격자 현황을 고등학교 선택 기준으로 삼는 것은 의미가 있습니다.

오른쪽 페이지의 표는 고등학교별 서울대 등록 현황을 나타낸 것입니다. 서울대 합격 실적과 등록 현황에는 다소 차이가 있습니다. 보통 서울대에 합격하고도 등록하지 않은 경우는 의대에 중복 합격하여 의대로 이탈한 것으로 보입니다. 등록 현황은 합격 후 최종 등록까지 마친 학생을 의미해 합격 실적에 비해 인원이 다소 적게 나타납니다.

고등학교별 서울대 등록 현황(2023)

순위	고교명	합계	수시	정시	모집 인원	지역	고교 유형	서울대 등록률(%)
1	서울과고	77	55	22	127	종로	영재학교	60.6
2	외대부고	60	24	36	363	용인	자사고(전국)	16.5
3	경기과고	57	46	11	127	수원	영재학교	44.9
	하나고	57	42	15	200	은평	자사고(전국)	28.5
5	대원외고	53	28	25	248	광진	외고	21.4
6	대구과고	43	37	6	93	수성	영재학교	46.2
	세화고	43	3	40	358	서초	자사고(광역)	12.0
	휘문고	43	3	40	414	강남	자사고(광역)	10.4
9	광주과고	38	38	0	95	광주	영재학교	40.0
10	인천영재	33	32	1	82	인천	영재학교	40.2
11	세종영재	32	31	1	89	세종	영재학교	36.0
12	상산고	28	4	24	344	전주	자사고(전국)	8.1
	중동고	28	2	26	361	강남	자사고(광역)	7.8
	한국영재	28	25	3	128	부산	영재학교	21.9
15	대전과고	27	26	1	96	대전	영재학교	28.1
16	민사고	27	21	6	160	강원	자사고(전국)	16.9
	한영외고	26	19	7	238	강동	외고	10.9

18	대일외고	25	25	0	246	성북	외고	10.2
19	낙생고	24	1	23	294	분당	일반고	8.2
20	선덕고	23	7	16	396	도봉	자사고(광역)	5.8
	숙명여고	23	6	17	427	강남	일반고	5.4
22	단대부고	22	7	15	391	강남	일반고	5.6
	포항제철고	22	13	9	300	포항	자사고(전국)	7.3
24	보인고	21	4	17	379	송파	자사고(광역)	5.5
25	경기고	20	3	17	397	강남	일반고	5.0
	북일고	20	12	8	360	충남	자사고(전국)	5.6
27	배재고	18	5	13	428	강동	자사고(광역)	4.2
	세마고	18	1	17	339	오산	일반고	5.3
29	공주사대부고	17	15	2	150	충남	일반고	11.3
	명덕외고	17	14	3	253	강서	외고	6.7
	상문고	17	5	12	428	서초	일반고	4.0
	한성과고	17	13	4	144	서대문	과고	11.8
33	영동고	16	8	8	282	강남	일반고	5.7
34	세화여고	15	5	10	358	서초	자사고(광역)	4.2
	신성고	15	1	14	328	안양	일반고	4.6
	안산동산고	15	8	7	360	안산	자사고(광역)	4.2
	화성고	15	1	14	309	화성	일반고	4.9
38	고양국제고	14	14	0	204	고양	국제고	6.9
	안양외고	14	14	0	214	안양	외고	6.5
	운정고	14	4	10	458	파주	자공고	3.1
	은광여고	14	7	7	264	강남	일반고	5.3

	현대고	14	4	10	366	강남	자사고(광역)	3.8
43	대건고	13	5	8	271	대구	자사고(광역)	4.8
	대전외고	13	8	5	233	대전	외고	5.6
	분당중앙고	13	1	12	262	분당	일반고	5.0
	세종과고	13	11	2	163	구로	과고	8.0
	중산고	13	2	11	335	강남	일반고	3.9
	한일고	13	7	6	125	충남	일반고	10.4
49	강서고	12	0	12	344	양천	일반고	3.5
	명덕고	12	1	11	271	강서	일반고	4.4
	용산고	12	4	8	285	용산	일반고	4.2
	한민고	12	12	0	388	파주	일반고	3.1
53	과천외고	11	11	0	227	과천	외고	4.8
	김천고	11	9	2	240	경북	자사고(전국)	4.6
	동탄국제고	11	6	5	204	화성	국제고	5.4
	반포고	11	5	6	289	서초	일반고	3.8
	분당대진고	11	1	10	345	분당	일반고	3.2
	양서고	11	3	8	238	양평	일반고	4.6
	양정고	11	2	9	351	양천	자사고(광역)	3.1
	인천포스코고	11	11	0	240	인천	자사고(광역)	4.6
	잠신고	11	2	9	236	송파	일반고	4.7
	진선여고	11	1	10	338	강남	일반고	3.3
	충남삼성고	11	11	0	360	충남	자사고(광역)	3.1
	현대청운고	11	2	9	180	울산	자사고(전국)	6.1
	개포고	10	4	6	265	강남	일반고	3.8

	경기북과고	10	7	3	101	의정부	과고	9.9
	고양외고	10	10	0	246	고양	외고	4.1
	대전대성고	10	7	3	350	대전	자사고(광역)	2.9
	대진여고	10	3	7	331	노원	일반고	3.0
	동화고	10	5	5	476	남양주	일반고	2.1
65	목동고	10	3	7	407	양천	일반고	2.5
	서울고	10	5	5	429	서초	일반고	2.3
	신일고	10	3	7	315	강북	자사고(광역)	3.2
	와부고	10	3	7	263	남양주	일반고	3.8
	이화여고	10	5	5	402	중구	자사고(광역)	2.5
	한가람고	10	4	6	187	양천	자사고(광역)	5.3
	경기여고	9	3	6	407	강남	일반고	2.2
	경기외고	9	7	2	207	의왕	외고	4.3
	경남과고	9	9	0	101	경남	과고	8.9
	광양제철고	9	8	1	224	전남	자사고(전국)	4.0
	남해해성고	9	8	1	88	경남	일반고	10.2
	서울국제고	9	6	3	151	종로	국제고	6.0
77	서초고	9	3	6	289	서초	일반고	3.1
	성남외고	9	8	1	206	성남	외고	4.4
	신목고	9	3	6	398	양천	일반고	2.3
	인천국제고	9	7	2	230	인천	국제고	3.9
	인천하늘고	9	6	3	225	인천	자사고(전국)	4.0
	청심국제고	9	8	1	107	가평	국제고	8.4
	청원고	9	4	5	205	충북	자공고	4.4

90	대전고	8	8	0	323	대전	자공고	2.5
	보성고	8	1	7	288	송파	일반고	2.8
	부산과고	8	6	2	93	부산	과고	8.6
	부산국제고	8	7	1	166	부산	국제고	4.8
	부산일과고	8	8	0	90	부산	과고	8.9
	분당고	8	3	5	290	분당	일반고	2.8
	영동일고	8	3	5	330	송파	일반고	2.4
	예일여고	8	6	2	324	은평	일반고	2.5
	포산고	8	6	2	166	대구	자공고	4.8
	한영고	8	5	3	423	강동	일반고	1.9
100	경희고	7	7	0	257	동대문	자사고(광역)	2.7
	김포고	7	1	6	381	김포	일반고	1.8
	대덕고	7	5	2	205	대전	일반고	3.4
	병점고	7	0	7	340	화성	일반고	2.1
	서울외고	7	6	1	217	도봉	외고	3.2
	세종국제고	7	6	1	104	세종	국제고	6.7
	수원외고	7	5	2	214	수원	외고	3.3
	양재고	7	3	4	296	서초	일반고	2.4
	중앙고	7	4	3	299	종로	자사고(광역)	2.3
	창원과고	7	7	0	81	창원	과고	8.6
	창현고	7	4	3	403	수원	일반고	1.7
	태원고	7	5	2	339	분당	일반고	2.1
계(111개교)		1809	993	816				

출처: www.veritas-a.com(고등학교별 서울대 등록 현황)을 토대로 재구성함.

주) 모집 인원 출처: 학교알리미(2023년 기준)

※ 서울대 등록률은 당해 졸업인원 대비 서울대 진학률이나 모집 인원 정보를 제공하기 위해
모집 인원 대비로 계산함.

서울대 합격자 현황으로 고교별 경쟁력을 유의미하게 파악할 수 있습니다. 이는 고등학교 선택에 참고가 될 수 있습니다. 특목/자사고 비중이 매우 크다는 것을 주목할 필요가 있습니다. 더 나아가 특목/자사고에도 명문이 따로 있다는 것을 알 수 있습니다. 또한 합격자 현황 중에서 수시와 정시의 비율 분석도 필요합니다. 그리고 모집 인원 대비 서울대 합격률을 병기하였는데 각 고등학교의 고교 경쟁력을 더 확실하게 알 수 있습니다.

고등학교 선택 시 중요한 고려사항은 어느 고등학교가 얼마만큼의 대입 진학 실적을 가지고 있는지일 것입니다. 선발형 고등학교(대개 특목/자사고, 자율고)와 추첨형 고등학교(일반고)를 구분하여 본인이 진학 가능한 고등학교 진학 실적을 파악해 보아야 합니다. 진학 실적을 파악할 때 중요한 것이 졸업 정원입니다. 입시 결과만으로가 아니라 졸업 정원을 비교해야 정확한 진학 실적을 파악할 수 있기 때문입니다.

작지만 강한 학교, 실속 있게 경쟁력 있는 학교를 찾는 것도 의미 있습니다. 앞 페이지의 표에서는 대략적인 입학 정원 대비 진학 실적을 파악하고 학교 선택에 도움을 주고자 2023년도 신입생 모집 인원을 제시하였습니다. 일반고는 물론이거니와 같은 외고나 자사고까지도 대학 입학 실적은 차이가 있습니다.

진학하고자 하는 고등학교의 외관상 실적뿐 아니라 숨어 있는 요소까지 파악하여 고교 선택이 이루어져야 합니다. 대개 겉으로 드러난 숫자만 평가지표로 삼아서 학교 선택을 하는 오류를 범하는 경우가 많습니다. 이때 SKY 진학 실적, 의·치·한 진학 실적, 해외 대학 진학 실적·교대·카이스트·포항공대 등 명문대 진학 실적까지 참고할 필요가 있습니다.

수시인가? 정시인가?

서울대 합격자 중에서 수시 합격 비율과 정시 합격 비율을 살펴보면 학교 유형이 나옵니다. 학교 유형별로는 영재학교, 과학고, 외고/국제고가 수시 위주의 성과를 보이고 있습니다. 일반적으로 수시 실적은 해당 학교의 프로그램, 교사의 능력 등 학교 구성원과 시스템의 우수성을 나타냅니다. 주로 재학생에 의한 결과입니다.

반면에 교육특구에 소재하는 서울지역 자사고, 일반고는 정시 위주로 성과를 보이고 있습니다. 정시 실적 파악에서 중요한 것은 재학생 합격 비율이기 때문에 정시 합격생 중에서 N수생이 몇 %인지를 파악하는 것도 중요합니다. 또한 입시 결과의 우수성을 파악하는 기준 중하나가 의학계열 합격자 수인데, 이것은 서울대 정시 합격 수준과 비례하는 현상을 나타내고 있습니다. 같은 전국 단위 자사고라 하더라도 하나고·민사고·김천고·광양제철고·인천하늘고 등과 같이 수시 위주 학교가 있는 반면에, 상산고·현대청운고처럼 정시 위주와 외대부고·포항제철고·북일고처럼 정시와 수시 고르게 성과를 내는 학교로 구분이 됩니다.

의학계열에 가려면 어떤 고등학교가 좋은가?

이른바 서울대 위에 있다고 하는 의대에 더 많이 진학하는 고등학교들이 있습니다. 의대 진학을 위해서는 일찍부터 체계적으로 준비해야 하는 것이 필수입니다. 특목고에 진학하는 것이 유리한지, 일반고에 진학하여 내신을 확보하는 것이 좋은지, 보통 중학교 이전부터 자신에게 맞는 고등학교와 전형을 잘 선택하고 그에 따른 준비를 꾸준히 하는 것이 중요합니다.

의대 정원이 폭발적으로 증가한다

의대·치대 진학 기회가 크게 확대되었습니다. 의대 정원이 2025 대입부터 폭발적으로 증가하기 때문입니다. 정부가 의대 정원을 2,000명 확대하겠다고 발표하면서 대입 지형이 의대를 중심으로 대규모로 바뀌고 있습니다. 당장 2025 대입부터 정원이 늘어나기 때문에 변화에 주목하며 입시 준비를 해야 합니다. 의사 수가 부족하다는 여론의 분위기가 뜨거워지고, 의대들이 큰 규모로 확충을 요구하면서 그만큼 기회가 커지고 있습니다. 또한 2028 대입개편안에서 정시 40% 유지, 킬러문항 배제로 수능 난도가 낮아질 것을 예상한 의대 준비 N수생들이 지금보다 대거 늘어날 것으로 예상합니다.

의대 합격 고등학교 순위 TOP 50

순위	고교명	의대	약대	치대	한의대	수의대	지역	고교유형
1	휘문고	144	25	26	18	-	강남	자사고(광역)
2	상산고	138	45	26	14	6	전북	자사고(전국)
3	외대부고	72	-	58	-	10	용인	자사고(전국)
4	중동고	59	16	13	8	0	강남	자사고(광역)
	현대청운고	59	15	5	6	0	울산	자사고(전국)
6	단대부고	57	14	11	6	3	강남	일반고
7	강서고	56	11	13	5	2	양천	일반고
8	해운대고	53	5	7	0	-	부산	자사고(광역)
9	충남고	45	11	4	5	5	대전	일반고
10	대구경신고	41	6	8	4	4	대구	일반고
11	대륜고	36	9	3	6	2	대구	일반고
12	포항제철고	35	17	4	6	2	경북	자사고(전국)
13	반포고	32	11	3	3	1	서초	일반고
14	능인고	30	5	6	4	2	대구	일반고
	숙명여고	30	27	7	5	3	강남	일반고
	진선여고	30	15	4	2	1	강남	일반고
	하나고	30	19	4	3	0	은평	자사고(전국)
18	대구여고	28	15	4	0	2	대구	일반고
	상문고	28	3	1	3	1	서초	일반고
	화성고	28	32	6	9	4	화성	일반고
	한일고	28	5	2	2	0	충남	일반고

22	낙생고	27	13	7	5	2	분당	일반고
	신성고	27	7	2	3	2	안양	일반고
24	보인고	23	12	6	3	2	송파	자사고(광역)
25	북일고	22	7	1	0	1	충남	자사고(전국)
26	양정고	20	4	4	3	1	양천	자사고(광역)
27	공주사대부고	19	5	2	3	0	충남	일반고
	배재고	19	5	6	4	4	강동	자사고(광역)
29	덕원고	18	2	0	2	0	대구	일반고
30	경원고	17	3	1	1	0	대구	일반고
	목동고	17	20	4	4	3	양천	일반고
	보평고	17	1	4	0	1	분당	일반고
	센텀고	17	2	1	1	2	부산	일반고
34	정화여고	16	8	5	2	0	대구	일반고
35	거창대성고	15	3	1	1	0	경남	일반고
	대구혜화여고	15	8	3	3	1	대구	일반고
	운정고	15	12	4	2	0	파주	일반고
	전주한일고	15	4	1	2	0	전북	일반고
39	세화여고	14	19	3	2	3	서초	자사고(광역)
	중대부고	14	14	0	2	1	강남	일반고
	한가람고	14	9	2	5	2	양천	자사고(광역)
42	선덕고	13	4	1	3	1	도봉	자사고(광역)
	순천매산고	13	3	0	1	0	전남	일반고
	잠실여고	13	3	4	0	4	송파	일반고
	문성고	12	3	1	1	1	광주	일반고

	용산고	12	3	2	0	2	용산	일반고
	양서고	12	5	0	1	0	양평	일반고
	영동일고	12	3	0	1	0	송파	일반고
45	인천포스코고	12	7	5	0	1	인천	자사고(광역)
	인천하늘고	12	8	3	1	2	인천	자사고(광역)
	조대부고	12	4	1	2	0	광주	일반고
	현일고	12	4	0	9	0	경북	일반고
	계(52개교)	1,555	511	289	176	84		

출처: www.veritas-a.com(중복 합격/추가 합격/N수생 포함), 전국 고교 전수 조사 아님.

위의 표는 의대 합격 고등학교 순위 TOP 50을 나타낸 것입니다. 대입에서 전통적으로 의학계열 진학에 강세를 보이는 명문 고등학교들이 있습니다. 의대 진학 실적에 강세를 보이는 고교는 휘문고, 상산고, 세화고(위 표의 조사에서는 빠짐), 외대부고, 중동고, 현대청운고 등 서울 교육특구에 소재한 광역단위 자사고 혹은 전국단위 자사고입니다. 대구경신고와 대륜고, 단대부고, 강서고 등 교육특구의 일반고도 두드러진 의대 진학 실적을 기록하기 때문에 주목할 필요가 있습니다.

의학계열 진학에는 어떤 고교 유형이 유리할까요?

일반고, 과학고, 자사고 등 고교 유형마다 장단점이 있습니다. 일반고에서 의대를 가려면 수능최저학력기준을 전제로 한 내신 중심 전형을 적극 활용해야 합니다. 물론 일반고 전교 1등을 하고도 의대 진학에 실패하는 학생이 상당수가 있다는 것도 감안해야 합니다. 구술 및 심층면접 능력과 비교과의 우수성을 함께 갖추고 있어야 함은 물론입니다.

과학고에서 의대 진학은 수능 최저가 적용되지 않는 학생부종합전형을 통하는 것이 일반적입니다. 다만 과학고 자체에서도 의대 진학이 많은 비판을 받고 있어 꺼리는 추세이지만 여전히 의대 진학 루트로서의 역할을 하고 있습니다.

자사고는 2028 대입개편의 최대 수혜자입니다. 지금까지도 가장 이상적인 의대 진학 통로로 여겨졌는데, 내신 5등급제와 의대 정원 확대 정책에 따라 더욱 탄력을 받고 있습니다. 자사고는 의대 진학에 대한 학교 차원의 전폭적인 지원이 이루어지고 있습니다. 특히 자사고는 수시 모집에 집중하는 과학고/영재학교에 비해 수능 위주의 정시 모집에서 유리한 측면이 있습니다. 의학계열 최대 실적을 보이고 있는 휘문고, 상산고, 외대부고, 중동고, 현대청운고 등이 모두 자사고입니다. 의대 진학 실적에서 염두에 두어야 하는 것은 의대 진학생들의 상당수가 N수생이라는 것입니다. 과학고와 영재학교를 제외한 모든 학교에서 공통적으로 보이는 현상입니다.

고교 선택 시 중요하게 고려해야 할 사항

고등학교 선택 시 대입 전형을 이해하고 있어야 합니다. 학생의 특성과 성향에 따라 선택하되 목표로 하는 대학의 전형에 맞는지 따져 봅니다. 학생에게 맞는 큰 틀에서 다음 사항들을 고려해 다시 점검해 보세요.

첫째, 대입 실적을 정확하게 파악했는가입니다. 현역 학생들의 명문대 진학 실적은 어떤지, 재수생의 합격률은 어떤지, 의·치·한 합격 실적과 외국 대학 합격 실적은 어떤지, 수시와 정시의 합격 비율은 어떤지 등을 정확하게 파악하세요.

둘째, 교육과정을 검토해야 합니다. 교과과정과 전반적인 학교운영 시스템을 검토해 보면 학교가 학생과 얼마나 맞는지, 대학입시에 얼마나 도움이 되는지 파악할 수 있습니다. 교육과정에 따라 유리함과 불리함을 따져 보도록 합니다.

셋째, 학생 정원도 고려해야 합니다. 대입 실적을 단순히 합격생의 숫자로만 파악하기 쉽습니다. 입학 정원을 보아야 실질적인 경쟁력을 정확히 파악할 수 있습니다. 또한 내신 산정과 수시전형 준비 등에서 학생 정원은 커다란 영향을 끼칩니다. 문·이과 비율에 대한 정보도 미리 알고 있어야 합니다.

넷째, 공립고를 보낼지 사립고를 보낼지 결정해야 합니다. 대학입시를 중심으로 봤을 때 사립고가 상대적으로 대입 실적에 민감하여 대입 실적을 높이기 위해 능동적인 노력을 기울입니다. 논술전형이나 학생부종합전형 등의 준비체계나 입시 노하우도 다년간 축적되어 강점을 보입니다. 반면 공립고는 학교 나름대로 명문고로서 자리매김하는 학교도 많고, 자사고보다 등록금이 저렴하다는 특성이 있습니다.

다섯째, 기숙학교의 장단점을 알고 있어야 합니다. 기숙학교의 경우 시간 제약이 있기 때문에 사교육을 접할 기회가 상대적으로 적습니다. 본인이 사교육을 병행해야 할지, 자기주도적으로 할지에 대한 검토가 필요합니다. 기숙사생활 자체가 아이에게 맞는지도 고려해야 합니다.

여섯째, 학교장과 진학부장의 능력도 큰 역할을 합니다. 입시에서 좋은 성과를 거두는 데는 학교장이나 설립자의 교육철학이나 열정, 능력이 매우 중요합니다. 특히 진학부장의 능력을 학교 선택의 주요소로 여기기도 합니다. 수시전형을 목표로 한다면 학생들의 노력만으로는 한계가 있습니다. 다년간의 준비나 노하우, 연구가 필요하고 학교장이나 진학부장 등 구성원들의 능력과 비전은 학교의 진학 실적에 엄청난 영향을 끼칩니다.

의학계열에 맞는 대입 전형은
어떤 것인가요?

의학계열에 진학하는 전형은 일반적인 대학 진학 과정과 별반 다르지 않습니다. 크게 교과 중심, 학생부 중심, 논술 중심, 정시 4가지 통로가 있습니다. 일반적으로 일반고에서는 내신과 정시, 자사고에서는 논술과 정시, 과학고/영재학교에서는 학종과 논술 등을 준비합니다.

다음 표에서 보는 바와 같이 비중이 높은 수시를 우선적으로 공략하는 것이 좋습니다. 특히 재학생의 입장에서는 학생부교과전형이나 학생부종합전형을 중심에 두고 수능최저학력기준을 맞추는 것이 매우 유리합니다. 의대 정원 확대 정책과 2028 대입개편에서 정시 비중이 줄지 않았지만, 정시는 주로 N수생 몫이라 생각해야 합니다. 정시 의대 합격자 중 N수생 비율이 80% 가까이 됩니다.

전국 의학계열 전형별 비율

구분	유형	의대		치대		한의대		수의대	
수시	학생부교과	909	30.1%	201	31.9%	278	38.3%	100	20.1%
	학생부종합	847	28.1%	138	21.9%	186	25.7%	206	41.4%
	논술	116	3.8%	26	4.1%	26	3.6%	16	3.2%
	소계	1,872	62.1%	365	57.8%	490	67.6%	322	64.8%
정시		1,144	37.9%	266	42.2%	235	32.4%	175	35.2%
합계		3,016	100%	631	100%	725	100%	497	100%

주) 2024학년도 정원 내 기준

의학계열 준비를 위해서는 내신, 비교과, 논술, 수능 등 거의 모든 분야에서 완벽해야 합니다. 또한 의학계열 논술은 매우 고난도의 문제가 출제되어 준비가 매우 까다롭습니다. 구술이나 심층 면접의 비중이 상당히 커지고 있습니다. 수학·과학의 심화학습은 기본이고 올림피아드를 공부한 학생들 그 이상이라고 생각하면 됩니다. 이러한 고난도 논술 준비는 수리 및 과학 심화과정을 운영하는 과학고나 자사고 학생들이 유리할 수 있습니다. 또한 수능최저학력기준이 보통 3개 영역 각 1등급 정도를 요구하고 있어, 의학계열 진학을 목표로 하는 학생이라면 전 영역 1등급을 확보하는 것이 기본입니다.

무엇을 기준으로 고등학교를 선택해야 하나?

고등학교 선택이 대학 진학에 큰 영향력을 끼친다는 것은 모두가 아는 사실입니다. 2028 대입개편안으로 특목/자사고의 인기가 급상승하고 있습니다. 고등학교 유형은 크게 '선발형'과 '추첨형'으로 나눌 수 있습니다.

선발형 고등학교는 시험을 통해 선발하는 특목/자사고, 영재학교 그리고 일반고 중에서도 자율학교가 해당합니다. 반면 추첨형 고등학교는 선지원 후 추첨 형태로 진행하는 대부분의 일반고가 해당합니다. 선발형 고등학교와 추첨형 고등학교는 각기 나름대로의 특징과 장단점이 있습니다. 고등학교 선택 문제는 뚜렷한 목표의식을 가지고, 학생과 가고자 하는 학교를 정확하게 파악한 후 중학교 저학년, 더 이르게는 초등학교 때부터 준비를 해야 합니다.

선발형 고등학교 vs 추첨형 고등학교

선발형 고등학교와 추첨형 고등학교는 교육환경과 교육과정이 다릅니다. 이들 중 어느 학교가 더 낫다고 단정하기는 어렵습니다. 다만 장단점은 명확합니다.

선발형 고등학교는 성적이 우수한 학생들이 모여 있기 때문에 대부분 학습 분위기가 좋습니다. 그리고 기숙사생활로 등하교 시 소요되는 시간이 단축되어 남은 시간을 의미 있게 사용할 수 있습니다. 가장 큰 단점은 좋은 내신을 확보하는 데 불리합니다.

추첨형 고등학교는 내신 획득에는 상대적으로 유리합니다. 하지만 공부에 흥미를 잃은 학생들로 인해 전반적인 학습 분위기가 좋지 않다는 단점이 있습니다. 또한 선발형에 비해 시설, 지원 등이 상대적으로 부족하여 비교과활동 영역이 제한적입니다.

선발형 고등학교 선택에서 유리한 것은 이미 준비하는 동안에 고등학교 교육과정과 시험에 대한 대비가 된다는 것입니다. 대학은 고등학교 때가 아니라 이미 중학교나 그 이전에 결정된다는 많은 전문가의 조언을 새겨들을 필요가 있습니다.

선발형 고등학교 vs 추첨형 고등학교 선택 체크리스트

고교 선택 기준 항목	선발형	추첨형
자기주도학습 능력을 갖추었다	○	○
학원의 도움이 많이 필요하다		○
기숙학교를 선호한다	○	
비교과 능력이 뛰어나다	○	○
목표 지향적이다	○	○
새로운 환경에 적응하는 것이 어렵다		○
국·수·영 선행과 심화가 부족하다		○
수능보다 내신에 자신 있다		○
분위기에 쉽게 동화되는 편이다	○	

　학생 자신이 위 표의 기준 항목을 체크해 보세요. 고교 선택을 위한 몇 가지 기준을 제시한 것입니다. 평가 항목이 왜 선발형이나 추첨형에 적합한지 생각해 보세요. '선발형'이나 '추첨형' 선택 시 고려할 점이 있습니다. 자신에 대한 평가를 먼저 하는 것이 순서입니다. 자기주도학습 능력을 갖추었는가, 학원 도움을 필요로 하는가, 기숙학교를 선호하는가, 비교과활동 능력이 좋은가, 목표 지향적인가, 환경에 잘 적응하는 편인가, 국·수·영 선행과 심화 정도는 어떠한가, 분위기에 쉽게 동화되는 편인가 등 자신의 성향과 취향을 잘 판단하여 학생이 어디에 맞는가를 생각해 보는 것입니다. 그다음 입시 전형과 대학 진학 전략을 고려해야 합니다. 고교 선택에 대한 판단을 하기에 앞서 보

통 대학 입학전형이 어떤지를 살펴보는 이유입니다.

먼저 학생이 목표하는 대학을 중심에 놓고 선발형 고등학교 중 특목고나 자사고가 유리한지, 일반고가 유리한지 파악해야 합니다. 즉 목표와 함께 학생의 성향과 특성에 따라 가장 유리한 전략을 파악한 다음 일반고에 유리한 내신에 집중할 것인지 특목고나 자사고에 유리한 수능, 비교과, 논술 등에 집중할 것인지를 결정해야 합니다.

다음으로 학생에게 맞는 학교를 선택하는 것이 중요합니다. 학교와 학생의 궁합이 맞을 때 최대의 능력을 발휘할 수 있기 때문입니다. 아무리 좋은 학교라 할지라도 학생과 궁합이 맞지 않다면 선택하지 않는 것이 낫습니다. 고등학교 진학 후 어느 곳에서 자신의 강점을 최대화할 수 있을지 진단해 볼 필요가 있습니다.

분위기 좋은 학교 vs 내신 따기 좋은 학교

추첨형 고등학교(일반고)로 가기로 결정했더라도 고등학교 선택은 여전히 큰 고민이고 중요한 사항입니다. 입시와 진학지도 경험을 토대로 봤을 때 가장 일반적인 고민 내용은 다음과 같이 나누어집니다.

첫째, 분위기 좋은 학교를 선택할 것인가, 내신 성적 확보가 수월한 학교를 선택할 것인가입니다. 이러한 판단은 고교 선택을 너무 단순하게 바라보는 경향이 있습니다. '내신 따기 좋은 학교'는 실제로 답이 없습니다. 고교 선택 이전에 반드시 알아야 하는 것이 대입전형인데 이러한 접근은 선택의 폭을 너무 좁게 만듭니다. 또한 고교 선택보다 더 중요한 것이 고등학교 들어가기 전까지의 준비 정도인데, 학생의 마음가짐이 긴장과 열의가 떨어지는 경우를 많이 보게 됩니다.

둘째, 집과 가까이 있는 학교가 우선인가에 대한 고민도 있습니다. 3년간의 등하교 시간은 매우 중요합니다. 몇몇 입시전문가는 분위기 좋은 학교인지, 내신 따기 좋은 학교를 선택할지를 물으면 각각의 장단점이 있으니 그냥 집에서 가까운 학교를 선택하라고 조언하는 경우도 있습니다. 학교가 집과 가까우면 매우 큰 장점이 있는 것은 사실입니다. 실제로 교육에 큰 관심을 가진 부모님들은 초·중·고 학교 선택에 따라 이사하는 경우도 많습니다. 실제로 성과를 거두기도 합니다.

셋째, 진학할 고등학교의 학생 수도 파악해야 할 요소입니다. 통상적으로 학생 수가 많은 것이 내신 확보에 유리하고 안정적입니다. 학생 수가 적으면 시험 과목에서 실수할 경우 최고 내신등급 유지에 치명적일 수 있습니다.

넷째, 교육특구에 있는 학교를 선택할 것인가, 유명 학원을 이용할 수 있는 곳으로 이사를 가야 하는가입니다. 앞의 고교별 입시 실적을 분석하더라도 교육특구가 압도적입니다. 우리나라 교육현실에서는 사교육을 무시할 수 없는 상황입니다. 유명한 학원 근처의 학교 선택으로 이동 동선을 줄여 시간을 아끼겠다는 것입니다.

다섯째, 남녀공학의 문제입니다. 일반적으로 여학생들이 수행평가 등에서 좀 더 꼼꼼하고 두각을 나타내는 경우가 많습니다. 따라서 입시를 염두에 둘 때 남학생들은 남녀공학을 꺼리고 여학생들은 여고를 기피하는 현상이 나타나곤 합니다.

그 밖에 공부 잘하는 친구나 친한 친구들이 어느 학교에 가느냐를 고려하는 학생도 있습니다. 최상위권 학생들은 서로 피해서 다른 학교를 선택하는 경우도 있고, 중하위권 학생들은 그냥 친구들이 좋아서 가는 경우도 꽤 있습니다. 여학생의 경우 심지어는 교복이 예뻐서 고교를 선택하기도 합니다. 교복에 매료되어 Y외고를 목표로 열심히 공부하여 입학했고 원하는 명문대에 합격한 사례도 있습니다. 부모님이 보기에는 우습게 보일지 모르지만, 이 또한 동기 유발의 좋은 기제가 될 수 있습니다. 따라서 학생들의 고등학교 선호에 대한 이유가 무엇이든지 간에 너무 대수롭지 않게 혹은 가볍게 취급해서는 안 됩니다. 가장 예민할 때이고, 다른 조건이 비슷할 경우에는 아이가 가고 싶은 곳이 더 큰 성과를 내는 경우가 많습니다.

고교 선택은 항상 부모님이나 선생님의 조언을 바탕으로 학생 본인이 결정하도록 하는 것이 최고입니다. 그러면 목표의식도 높아집니다. 또한 본인이 결정했다는 사실을 주지시키는 것이 중요합니다. 그래야 실패했을 경우에도 부정적 여파가 줄어듭니다.

아이에게 맞는 고등학교 선택

대학입시와 고등학교 선택은 깊은 관련이 있습니다. 모든 아이가 똑같지 않기 때문에 고등학교 진학과 대학 준비는 각자의 특성에 맞게 준비해야 합니다. 이는 중학교 저학년 때 이미 밑그림이 그려져야 합니다. 그렇다면 아이에게 맞는 학교를 어떻게 선택해야 할까요?

첫째, 내 아이에게 유리한 고등학교를 선택합니다. 각각의 고등학교가 입시에서 어떻게 유리하게 작용하는지 살펴봅니다. 일반고, 외고/국제고, 과학고/영재학교, 자사고 등 각 학교들의 장단점을 정확히 파악하는 것이 입시 전략의 출발점입니다.

둘째, 내 아이의 적성과 진로를 먼저 고려합니다. 특목고를 준비하는 학생이 일반고를 준비하는 학생보다 한발 앞서 나갈 수밖에 없는 이유는 적성과 진로를 깊이 고민해 볼 기회를 먼저 갖기 때문입니다. 입시 지도 경험이 있는 선생님이나 선배 부모의 조언을 구하여 학교를 선택하는 것도 좋은 방법입니다.

셋째, 앞서 파악한 학교들의 특징을 바탕으로 아이가 일반고형인가, 외고형인가, 과학고형인가, 자사고형인가를 먼저 정합니다. 주위 환경에 영향을 많이 받는 성향인지, 기숙사생활이 체질에 맞는지, 자기주도학습 능력이 있는지 등을 고려하여 학교를 선택합니다.

고교 선택 시 필요한 정보는
어디서 얻나요?

중·고교 정보를 제대로 얻을 수 있는 곳은 당연히 '학교 알리미(www. schoolinfo.go.kr)'입니다. 모두가 알고 있지만 실제로 많이 활용하지는 않고 있습니다. 고교 선택 전략은 '학교 알리미' 검색부터 시작해야 합니다.

학교 알리미를 활용한 학생이 실패한 경우는 거의 못 봤습니다. 가장 정확하고 좋은 정보를 통해 진학하고자 하는 학교를 파악하여 입시 전략을 수립하는 것이 좋습니다. 특히 고교학점제를 실시하는 2025년부터는 좀 더 세심하게 학교 정보를 파악해야 합니다.

학교 알리미에는 학교에 관한 다양한 정보를 확인할 수 있는데 다음과 같은 사항은 꼭 검색해 봐야 합니다.

교육활동	·학교 운영 교육과정 편성·운영 및 평가 ·교과별(학년별) 교과 진도 운영 계획 ·동아리활동 현황, 방과후 학교 운영 계획
학생현황	·학년별·학급별 학생 수 ·졸업생의 진로 현황
학업성취사항	·교과별(학년별) 평가 계획에 관한 사항 ·교과별 학업성취사항

또한 유용한 기능 중 하나가 즐겨 찾는 학교 비교입니다. 본인이 원하는 고교 선택을 위하여 가고자 하는 학교 몇 개를 즐겨찾기에 등록하고 고등학교 교육과정, 동아리 개설 현황 등의 정보를 비교하여 자신에게 적합한 고등학교를 선택하는 데 도움을 받을 수 있습니다.

고교 선택보다 중요한 것은 준비 정도이다

준비된 학생은 어디에서든 위력을 발휘한다

고교 선택의 중요성은 더 말할 나위 없지만, 이것과 비교할 수 없을 만큼 훨씬 중요한 것은 '고등학교 준비가 얼마만큼 되어 있느냐?'입니다. 특히 중학교 때 국어, 수학, 영어를 어느 수준까지 했는지가 중요합니다. 특목고나 자사고는 대개 선행학습과 심화학습을 기본적으로 준비하고 진학합니다. 이를 전제로 하기 때문에 학교 진도가 빠르고 깊이 있게 진행됩니다. 따라서 준비가 부족한 경우에 크게 고전할 수 있습니다.

고교 선택을 잘해서 대학 가기보다 '고교 준비를 잘해야 대학 갈 수 있다.'는 생각을 해야 합니다. 경험적으로 고교 준비와 고교 선택의 비중은 10:1 이상으로 고교 준비의 비중이 큽니다. 준비가 안 된 학생은 어디에 가더라도 기회를 얻기 힘듭니다. 반면에 철저하게 준비된 학생은 어디든, 어떤 상황이든 잘 적응하고 빛을 발합니다.

대학에서는 가장 우수한 학생을 선발하기 위하여 연구도 하고 노하우도 갖추고 있습니다. 빈틈이 크지 않습니다. 특목/자사고인가, 일반고인가, 분위기 좋은 학교인가, 내신 따기 좋은 학교인가보다 대학교육을 충실히 이수하는 데 필요한 수학 능력을 누가 더 갖추고 있는가를 기준으로 학생을 판단합니다. 고교 선택은 중학교까지 준비한 능력에 더해 학생의 능력을 최대한 발휘할 수 있도록 해 줄 수 있는 학교를 찾는 것입니다.

서울대, 의학계열 합격자들의 입시 준비 시기에 주목하라

입시에서 가장 중요한 것은 타이밍과 준비 정도입니다. 과학고를 준비하면 설혹 과학고 진학에 실패한다 할지라도 명문 대학에 갈 수 있다고 합니다. 의학계열과 서울대 합격자들은 특목/자사고 학생은 아니어도 대부분 특목/자사고를 준비한 경험이 있습니다. 특히 의학계열과 서울대 합격자들은 대개 과학고/영재학교 준비생들입니다. 특목/자사고 출신이거나 특목/자사고에 떨어졌거나 아니면 전략적으로 일반고를 선택한 학생들입니다. 특목/자사고 준비 과정에서 이미 다른 학생들이 따라갈 수 없을 만큼 실력을 쌓았기 때문에 다양한 고등학교에 진학했더라도 대학입시에서는 그들만의 최종 결선을 치르는 것입니다.

그들의 입시 준비 시점을 주목해야 합니다. 자녀를 특목/자사고에 진학시키고자 하는 학부모들이 언제부터 준비를 시작했는가를 살펴보면 학교마다 차이가 있습니다. 외고나 자사고 준비는 중학교 1학년 때부터가 일반적입니다. 영재학교나 과학고 준비는 보통 초등학교 2~3학년, 심지어 그 이전부터 준비합니다. 다른 세상의 이야기인 듯하지만 일부에서는 일찍부터 그들만의 리그전을 치르고 있습니다.

일반고에서도 서울대에 합격한 학생들이 대개 특목/자사고, 특히 과학고/영재학교 준비생이었다는 점은 시사하는 바가 큽니다. 과학고 준비 과정에서 이미 최상위권의 실력을 갖추어 놓았기 때문에 과학고에 떨어지더라도 실망할 필요가 없는 것입니다. 일반고에서 다양한 전형을 활용하면 대학입시에 유리합니다. 특히 과학고 준비 과정에서 입시를 치러 본 경험은 이후 명문대 입시를 준비할 때 큰 도움이 됩니다. 명문대 진학을 위한 준비는 빠를수록 앞서 갑니다.

고교학점제는 준비된 학생에게 유리한 시스템이다

고교학점제가 2022 개정 교육과정과 2028 대학입시 개정에서 절대평가제 본래의 취지를 벗어나 파행적으로 운영될 수밖에 없는 상황에 놓여 있습니다. 하지만 고교학점제는 고등학교 교육의 가장 큰 축이기 때문에 입시에 큰 영향을 미칠 수밖에 없습니다. 고교학점제란 학생들이 스스로 자신의 진로 적성과 진학 희망에 따라 과목을 선택해 수강하며, 자신이 직접 교육과정을 만들어 가는 특징이 있습니다.

대학에서는 고교수준을 파악하는 데 고교학점제만큼 쉬운 것이 없을 것입니다. 교육과정에서 개설된 과목 수, 과목 수준, 운영 현황만 보더라도 쉽게 판단이 가능합니다.

고교학점제는 준비된 학생에게 최고의 역량을 발휘하게 해 줍니다. 중학교 때 특목고를 준비해 본 학생들이나 실력을 갖추고 준비한 학생들, 자기주도적으로 활동을 하는 학생들은 고교학점제 속에서 능동적이고 창의적으로 자신의 진로를 개척할 것입니다.

각 학교에서는 고교학점제를 어떻게 활용할 것인가를 고민해야 합니다. 고교 교육과정의 가장 큰 축을 이루기 때문에 대학에서는 학종의 중요한 척도로 삼을 것입니다. 고교학점제와 비슷한 프로그램으로 교육과정을 개편하고 선도적으로 시행해 온 고등학교들은 학종에서 두각을 나타내고 있습니다.

주로 특목/자사고에서 이런 모습을 보였는데 고등학교마다 운영 방식이나 수준이 천차만별입니다. 하나고, 충남삼성고 등은 이미 고교학점제와 유사하게 학생들이 자신이 원하는 과목을 선택하고 수강할 수 있는 교육과정을 만들어 수시에서 높은 경쟁력을 구축하고 있습니다. 항상 특색 있고 앞선 교육 시스템을 선제적으로 도입하여 운영하는 모습이 중요합니다.

고교 선택보다 적응이 중요하다

고등학교는 들어가는 것보다 들어간 후가 중요하다는 이야기를 많이 합니다. 매년 특목/자사고 재학생 중 상당수가 학교생활에 적응하지 못하고 전학이나 자퇴를 합니다. 극소수의 이야기가 아닙니다. 10%가 넘는 경우도 많습니다. 명문고일수록 이런 현상이 나타납니다.

가장 큰 이유는 역시 학업 적응 문제이고, 친구관계, 첫 중간고사 성적 등 다양한 요인에 의하여 슬럼프에 빠지게 됩니다. 부모는 이런 경우를 예측하고 대비해야 합니다. 질책보다는 격려가 필요합니다. 가장 중요한 고교 적응의 문제를 미연에 방지할 수 있는 방법은 역시 체계적인 준비입니다.

고등학교 선택에서 중요한 것은 특목/자사고 합격 가능성이 아닙니다. 뚜렷한 목표의식, 확실한 자기주도학습 능력, 학습 습관과 의지, 전공에 대한 확신 등이 있다면 특목고냐 일반고냐는 크게 문제되지 않습니다. 원하는 목표가 확실하고 공부하려는 의지가 있다면 주위 환경에 흔들리지 않습니다. 꾸준한 노력은 어디에서나 통하기 마련입니다.

원하는 고등학교 진학에 실패할 경우
어떻게 해야 하나요?

고교 선택 과정에서 꼭 잊지 말아야 할 것이 있습니다. 원하는 고교 선택에서
실패할 경우를 대비하는 것입니다. 본인이 원하는 고등학교에 진학하는 경우
에는 시작부터 탄력을 받아 계획대로 고교생활을 시작할 수 있으나 진학에
실패할 경우에는 고교생활 전체가 흔들릴 수도 있습니다. 고교생활을 시작하
는 시기의 슬럼프는 치명적입니다. 원하는 고교 선택에 실패할 경우를 반드
시 대비해야 하는 이유입니다.

선발형 고등학교에서 떨어질 수도 있고, 선지원 후추첨에서 본인이 원하지
않는 학교에 배정될 수도 있으니 이에 대비해야 합니다. 여기에서부터 슬럼
프에 빠지는 경우가 상당히 많습니다. 심지어 고교 자퇴로 이어지는 경우도
있습니다. 우선은 진학하게 될 학교의 장점을 중심으로 생각하는 것이 중요
합니다. 모든 학교 선택에는 장단점이 있습니다. 마음가짐과 의지에 따라 단
점이 장점으로 변하는 경우가 많습니다.

입시 전략에서는 미리 제대로 준비하는 것도 중요하지만 실패했을 때 빨리 헤쳐 나오는 것도 매우 중요합니다. 고등학교는 대학을 가는 과정이고, 모든 과정이 자신의 뜻대로 되지 않는 경우가 많습니다. 항상 슬럼프나 위기에 빠질 수 있다는 것을 명심하고 이에 대비해야 합니다.

그래서 고교 선택은 반드시 학생 스스로 결정하는 것이 좋습니다. 부모의 의지가 아니라 학생 스스로 결정해야 목표의식도 확고하고 실패할 경우에도 부정적 여파가 줄어듭니다. 결정은 학생 본인이 하고 부모는 조언자나 상담자, 전략가 역할을 해야 합니다.

Q&A

'학폭'이 대학입시에
얼마나 영향을 주나요?

'학폭'과 '교권 침해' 학생부에 반영한다

2025학년도부터 '학폭'이 대학 자율로 대학입시에 반영되며, 2026학년도 대입부터 '학폭' 가해 기록 반영이 의무화됩니다. 수시 학생부종합전형뿐 아니라 교과전형, 논술전형, 실기전형, 정시 수능전형 등 전 전형에서 학폭 기록이 필수 반영됩니다. '학폭'과 '교권 침해' 사항은 입시 당락에 결정적인 역할을 할 것으로 예상합니다. 사실상 대입 모든 전형에서 학폭 가해자에 상당한 불이익이 적용되는 셈입니다.

더불어 교육부가 교권 침해 내용 역시 학생부에 의무적으로 기록을 남겨 입시에서 불이익을 받게 하겠다고 밝혔습니다. 또한 학생부 기록 보존도 현행 2년에서 4년으로 연장합니다. 고교 졸업 후 바로 대학에 입학하지 않고 재수나 3수를 하더라도 불이익을 받게 되는 것입니다. 가해학생이 학폭 조치 사항 기재 회피를 목적으로 심의 전에 자퇴할 수 없도록 하는 조치도 시행됩니다.

CHAPTER 3

특목/자사고를
목표로 하라

특목/자사고를 준비하면
명문 대학이 보인다

2028 대학입시개편안이 발표되면서 고교 유형별로 유불리가 나뉘기 시작했습니다. 개편안의 요지는 내신 5등급제와 정시 40% 유지에 따른 '내신 변별력 약화', '수능 영향력 강화', '특목/자사고 선호'라 할 수 있습니다. 특목/자사고는 입시에서 단 한 번도 불리한 적이 없었지만 새로운 개편안으로 최고의 선호도를 보이고 있습니다.

왜 특목/자사고를 준비해야 하는가?

특목/자사고 준비는 대학입시를 준비하는 전초전입니다. 이는 특목/자사고 입시를 준비하는 동안 중학 내신 관리를 해야 하고, 특목/자사고 입학 후를 대비한 선행학습과 심화학습이 이루어져야 한다는 뜻입니다. 이를 위해서는 남다른 학습 습관과 목표의식이 잡혀 있어야 합니다.

일반고든 특목/자사고든 입시 준비는 큰 차이가 없습니다. 준비 과정, 준비 방법, 준비 정도의 차이가 있는 것처럼 얘기하는데 그렇지 않습니다. 마음가짐의 차이가 큽니다. 특목/자사고에 진학할 생각이 없으면 선행학습과 심화학습을 준비할 필요가 없다고 생각할 수 있습니다. 그런데 이러한 생각은 다소 안일하고 목표의식이 부족한 발상이 아닐까요?

중요한 것은 대학 진학이므로 특목/자사고와 일반고 준비가 달라야 할 이유가 없습니다. 그보다는 특목/자사고에 진학할 정도의 실력을 갖추었는지가 관건입니다. 그렇다면 왜 특목/자사고를 목표로 준비해야 할까요?

목표가 확실하면 학습 소화량이 다르다

목표가 있는 학생은 그렇지 않은 학생에 비하여 학습 태도에서부터 생활 습관에 이르기까지 마음가짐이 다릅니다. 공부에 대한 집중력과 열정 또한 뚜렷한 차이를 보입니다. 따라서 비슷한 학습 능력이라도 목표가 있는 학생은 그렇지 않은 학생보다 훨씬 많은 학습량을 소화할 수 있습니다.

선행학습과 심화학습이 이루어진다

특목/자사고를 목표로 준비하면 국어, 수학, 영어, 과학 등의 선행·심화 학습을 하게 됩니다. 혹시 특목/자사고에 합격하지 못하더라도 준비 과정에서 쌓은 학습량은 3년 후 대학입시에서 큰 자산이 됩니다. 더불어 고등학교생활을 좀 더 여유 있고 활기차게 할 수 있습니다.

대학입시를 미리 경험한다

특목/자사고를 준비했던 학생이라면 고등학교 진학 후에도 어떻게 대학입시를 준비해야 하는지 알게 됩니다. 심화학습, 내신 관리, 자소서 준비들을 경험하면서 대학입시를 치러 본 것에 준하는 정도의 경험을 쌓기 때문입니다. 교과, 비교과, 자소서 준비 경험을 바탕으로 고등학교 3년간의 계획을 수월하게 세울 수 있습니다.

특목/자사고를 선택하지 않아도 성공이다

특목/자사고에 합격하면 명문대 입학이 보장되고 일반고에 진학하면 명문대 진학이 힘들까요? 결코 그렇지 않습니다. 특목/자사고에 진학할 충분한 자격과 실력을 갖추고도 전략적으로 일반고에 진학하는 경우도 있습니다. 특목/자사고 준비는 하되 지원과 선택은 전략적으로 이루어져야 합니다.

대학입시의 역사에서 특목/자사고는 단 한 번도 불리했던 적이 없다

2028 대입개편으로 특목/자사고 열풍이 불고 있습니다. 하지만 대

학입시 제도가 어떻게 바뀌든 변치 않는 것이 있습니다. 대학은 다양한 방법으로 최고의 학생을 선발하고자 한다는 사실입니다. 중학교 때부터 준비되어 고등학교 3년간 성과를 거두며 단련된 학생들을 주목합니다. 그중에서 우수한 학생들을 뽑고자 하는 것은 당연한 이치입니다. 매년 특목/자사고의 유·불리함을 논하는 기사와 논의가 있지만 특목/자사고 출신들의 명문대 진학률은 언제나 최상위였습니다. 특목/자사고가 대학 진학에 특화되어 있는 것은 사실입니다.

특목/자사고 준비는 특별한 학생만 하는 게 아니다

특목/자사고 준비 시점은 아주 중요합니다. 그런데 최상위권이 아니어도 특목/자사고 준비가 가능할까요? 그런 경우라도 준비하면 좋습니다. 준비를 권하는 몇 가지 이유가 있습니다.

자신도 모르는 사이에 학습 능력과 태도가 변한다

특목/자사고 진학을 목표로 하는 것 자체가 학생에게는 강한 동기부여가 됩니다. 특목/자사고를 염두에 두지 않다가 특목/자사고 진학을 목표로 삼으면 마음가짐이 달라지는 것입니다. 이는 학습 능력을 높이는 역할을 합니다. 이러한 긍정적인 변화는 아이들의 자신감과 성취감을 높여 줍니다.

자신의 위치를 정확하게 파악하게 된다

특목/자사고를 준비해 본 학생은 자신의 경쟁자들이 얼마나 준비됐는지 실감합니다. 그럼으로써 자신의 부족함을 되돌아볼 수 있습니다. 그래서 특목/자사고를 준비해 온 학생이 일반고에 진학하게 되더라도 객관적으로 자신을 파악하는 데 큰 도움이 됩니다.

자신의 잠재력을 발견하게 된다

고등학교 준비가 깊이 있고 체계적으로 이루어집니다. 특목/자사고에 불합격하더라도 그것을 위해 준비했던 실력은 고스란히 고등학교 공부의 밑거름이 됩니다. 그리고 고등학교 진학 후 그 힘을 발휘합니다. 본인이 최상위권으로 도약하겠다는 의지만으로도 더 높은 수준의 대학을 목표로 매진하게 됩니다. 의지만 확고하다면 목표 대학 진학을 위해 특목/자사고 진학 여부에 상관없이 학습량을 최고 수준으로 끌어올릴 수 있습니다.

특목/자사고 준비는 필수, 특목/자사고 진학은 선택이다

특목/자사고 준비를 착실히 했더라도 고등학교 선택은 대학입시를 고려해 전략적으로 이루어져야 합니다. 자녀에게 특목/자사고가 맞는지, 일반고가 유리한지 꼼꼼하게 체크해야 합니다. 다음은 자녀가 특목/자사고에 맞는지 결정하는 방법입니다.

결정은 반드시 아이가 하게 하라

부모의 의지가 아닌 아이 스스로 결정해야 목표의식이 생깁니다. 그래야 실패했을 경우에도 부정적 여파가 줄어듭니다. 결정은 아이가 하고, 부모는 조언자나 상담자, 전략가 역할을 해야 합니다.

아이를 가르쳤던 다수의 선생님으로부터 조언을 얻어라

직접 가르쳐 본 사람은 아이가 특목/자사고에 적합한지 일반고에 적합한지 파악할 수 있습니다. 중2, 중3 때 학과목 선생님이나 담임 선생님, 학원 강사 등으로부터 객관적 의견을 들어 봅니다. 이를 종합하여 아이와 의견을 나누어 보면 어떤 방향이 좋은지 알 수 있습니다.

특목/자사고 관련 내용을 아이와 함께 읽고 의견을 들어라

특목/자사고와 관련된 책, 수기, 학습법 등을 읽은 다음 아이의 의견을 들어 봅니다. 대부분 이러한 내용은 특목/자사고에 대한 긍정적인 평가를 유도합니다. 아이에게 동기부여를 해 줄 수 있습니다. 또한 특목/자사고 진학을 어떻게 준비해야 하는지, 유의해야 할 점은 무엇인지 알 수 있습니다. 서평을 참고하고 추천을 받아 부모가 미리 읽어 본 후 권하는 것이 좋습니다.

국어, 수학, 영어의 선행·심화 학습이 되었는가

특목/자사고 진학 후 학교 적응에 가장 큰 영향을 미치는 요소는 국어·수학·영어의 선행·심화 학습 유무와 학습 습관입니다. 모르는 것을 건성으로 넘어가지 않고 어려운 것도 끈질기게 자기 것으로 만들려는 학습 습관이 있다면 선행학습이 조금 부족해도 진학 후 좋은 결과를 기대할 수 있습니다.

진로와 적성을 우선적으로 고려하라

좋은 대학에 진학하고자 하는 방편으로 특목/자사고를 선택합니다. 하지만 가장 먼저 생각할 부분은 '하고 싶은 일이 무엇인가?'입니다. 아무리 입시가 목적이라 하더라도 특목/자사고는 분명 교육과정부터 일반고와 다릅니다. 진학하려는 학교가 아이의 진로나 적성에 부합하는지 반드시 고려해야 합니다. 법조인이 되고 싶은 학생에게 과학고는 오히려 진로에 걸림돌이 될 수 있습니다.

특목/자사고를 준비하는 마음가짐이 중요하다

합격만을 생각하면 안 된다

많은 준비가 없어도 특목/자사고 진학이 가능한 시대가 되었습니다. 그래서 체계적인 준비 없이 다른 사람들이 가니까 나도 가겠다는 경우가 많습니다. 부모의 체면 때문에 특목/자사고를 지원하기도 합니다. 그러나 이런 경우에는 진학 후에 크나큰 부정적 파장이 일어날 수 있습니다. 좋은 환경에 데려다 놓으면 잘할 수 있을 거라는 막연한 기대가 아이의 미래를 망칠 수 있습니다.

특목/자사고는 합격보다 진학 후의 적응 과정이 더 힘듭니다. 진학 후에 경쟁력을 확보하지 못할 바에야 차라리 진학하지 않는 편이 낫습니다. 우선 붙고 보자는 식의 준비되지 않은 특목/자사고 진학은 반드시 실패합니다.

특목/자사고 준비는 대학입시 준비의 과정이다

특목/자사고든 일반고든 종착점이 아닙니다. 대학 진학의 과정으로 새로운 시작점입니다. 합격보다는 진학 후의 경쟁력을 염두에 두어야 합니다. 아이에게 끊임없이 특목/자사고 준비의 목적을 일깨워 주어야 합니다.

진학 여부가 입시의 성공과 실패를 결정짓는 것은 아니다

특목/자사고에 합격하면 성공이고, 특목/자사고에 입학하지 못하면 실패라는 생각은 위험합니다. 만일 특목/자사고 진학에 실패했더라도 소중한 인생 경험을 한 것이고 한 단계 도약한 셈입니다. 목표를 세우고 최선을 다해 준비했다면 고등학교에서 학업을 계획하고 집중할 수 있는 좋은 보약이 될 수 있습니다. 커다란 목표에 매진해 본 경험은 다른 어떤 것으로도 살 수 없는 귀한 것입니다.

특목/자사고는
4년제 고등학교이다?

2028 대입개편으로 특목/자사고의 인기가 최상입니다. 특목/자사고가 대입에 유리한 건 사실입니다. 하지만 특목/자사고 열풍에 거품이 많이 낀 것도 사실입니다. 현명한 학부모라면 특목/자사고가 제시하는 통계수치들을 정확하게 이해하고 판단할 수 있어야 합니다.

준비 없이 특목/자사고에 간다면 N수를 각오하라

안타까운 현실이지만 전국 최고의 특목/자사고 졸업생의 2/3 가까이가 고등학교 4학년으로 진학합니다. 재수를 하는 것입니다. 재수는 기본이고 어쩌면 삼수까지 각오해야 하는 게 현실입니다. 의학계열에 진학하려는 최고의 인재들이 이러한 수치를 더욱 높이고 있습니다.

일반적으로 특목/자사고와 소위 강남의 명문고라 불리는 학교들은 재학생보다 더 많은 졸업생이 수능 시험을 다시 치릅니다. 그리고 졸업생들의 명문대 입시 성과가 재학생의 입시 성과보다 훨씬 더 높다는 것은 이미 잘 알려진 사실입니다.

영재학교와 과학고를 제외하고 소위 SKY와 의대의 높은 진학률을 자랑하는 특목/자사고와 강남의 명문고들은 상대적으로 재학생의 4년제 대학 합격률이 높지 않습니다. 명문대를 많이 보낸 고교들을 보면 N수생 비율이 70%에 육박하는 경우도 있습니다. 특목/자사고나 명문고일수록 N수생 비율이 높은 이유는 무엇일까요?

특목/자사고나 전국단위 자사고에 진학하는 학생들은 주위의 기대와 부러움을 한몸에 받고 고등학교생활을 시작합니다. 이들은 크게 두 부류로 나뉩니다. 중학교 때 선행·심화 학습을 바탕으로 체계적으로 준비해 온 학생은 상위권으로 안착합니다. 반면에 그렇지 못한 학생의 경우에는 정신없이 1학년을 보냅니다. 그리고 나면 자신의 준비가 얼마나 부족했는지 알게 됩니다.

특목/자사고나 명문고 학생들에게는 한 가지 공통점이 있습니다. '높은 기대 수준'입니다. 이러한 기대 수준을 충족하기 위해 N수를 당연시합니다. 과거에는 공부를 못하는 경우에 N수를 했지만 지금은 오히려 능력 있는 학생이 N수를 선택한다는 우스갯소리가 있습니다. 중학교 때 우수한 학생을 일반고에 보내면 '인서울'을 목표로 하고, 우수한 학생일지라도 제대로 준비 없이 특목/자사고를 보내면 N수를 거쳐 'SKY'를 목표로 하는 것입니다. 입시의 한 단면을 보여 주는 웃픈 현실입니다.

특목/자사고의 'SKY' 합격률을 믿지 마라

고등학교에서 발표하는 대입 실적은 실제 학부모가 생각하는 것보다 심하게 부풀려진 상태입니다. 대표적인 합격자 부풀리기 사례는 다음과 같습니다.

첫째, 반수생, 재수생, 삼수생 등 졸업한 합격자의 실적을 포함시키는 것입니다. 특히 특목/자사고는 N수생 비율이 높기 때문에 이들 졸업생들이 실제 합격자의 대부분을 차지합니다.

둘째, 중복 합격자를 포함시키는 것입니다. 수시로 6개 대학을 지원할 수 있고 정시로 3개 대학까지 지원할 수 있는 현 입시 체제에서는 우수한 학생이 중복으로 합격하는 현상이 생깁니다. 이를 1명이 아니라 각각 합격한 것으로 계산하는 것입니다.

셋째, 지방 캠퍼스 합격자를 포함시키는 것입니다. 명문대 진학자 중 지방 캠퍼스 합격자가 있지만 본교와 지방 캠퍼스의 구분을 하지 않고 ○○대 합격자로 발표합니다. 실제로 본교와 지방 캠퍼스는 합격 점수 차이가 큽니다.

특목/자사고 중에서도 명문고를 자처하며 명문대 입학 실적을 홍보하는 고등학교일수록 이러한 실적 부풀리기 현상은 더욱 심합니다. 합격률을 계산할 때도 황당하기는 마찬가지입니다. 보통 고등학교에서 발표하는 SKY 합격률을 계산할 때도 불편한 진실이 숨어 있습니다. 학부모 입장에서 SKY 합격률이라고 하면 보통 해당 연도 재학생 중에서 곧바로 대학에 진학한 학생의 비율을 생각합니다. 하지만 합격자에는 재학생뿐 아니라 N수생 졸업생, 중복 합격자, 지방캠퍼스 합격자를 모두 포함해 합격률을 계산해 발표합니다. 대외적으로는 대부분이 재학생이고 약간의 재수생만 포함된 수치라고 해 버리니 혼동될 수밖에 없습니다.

특목/자사고 혹은 명문고라 일컫는 고등학교에서 발표하는 명문대 진학률은 매우 놀랍습니다. 고등학교 입학이 대학을 보장해 주는 것 같은 착각이 들게 합니다. 하지만 고등학교에서 발표하는 합격 실적이나 합격률은 학부모가 생각하는 것과 완전히 다를 수 있습니다. 실제 합격 실적이나 합격률을 정확하게 분석할 수 있는 안목을 키워 냉철하게 판단할 수 있어야 합니다.

특목/자사고 진학을 재고해야 하는 경우

특목/자사고 진학이 명문대를 보장해 준다는 건 착각입니다. 체계적으로 준비하지 않으면 일반고에 진학한 학생보다도 참담한 결과를 초래할 수 있습니다. 특목/자사고는 종착지가 아닙니다. 특목/자사고 진학을 결심한 이유를 냉철하게 점검해 보아야 합니다.

첫째, 부모의 과시욕, 자존심, 욕심 때문에 아이의 의지와는 상관없이 특목/자사고 진학을 결심하진 않았는가? 물론 아이를 위한 결정이라고 주장할 수 있습니다. 하지만 객관적인 기준과 아이의 의견을 충분히 고려했는지 다시 한 번 따져 봐야 합니다.

둘째, 체계적이고 충분한 준비 없이 특목/자사고 진학을 결심하진 않았는가? 목적의식 없이 단지 수학·과학이나 영어 등 특정 과목의 내신이 우수하여 특목/자사고에 지원한 경우입니다. 특목/자사고 합격만을 목표로 하면 오히려 대학 진학에서 낭패를 볼 수 있습니다. 당장의 합격보다는 진학 후를 고려해야 합니다.

셋째, 고등학교 선행과 심화가 되어 있지 않은 채 특목/자사고 진학을 결심하진 않았는가? 특목/자사고 진학 후 학교생활에 적응하지 못하는 가장 큰 원인은 국어, 수학, 영어의 선행학습과 심화학습이 부족해서입니다. 심할 경우 전학과 자퇴로 이어져 아이가 엄청난 갈등과 혼란을 겪을 수 있습니다.

넷째, 치열한 경쟁에서 오는 과도한 스트레스를 아이가 각오했는 가? 중학교 내신은 관리 능력만으로도 우수한 성적을 받을 수 있습니다. 그런데 특목/자사고에서는 이미 우수한 학생들이 대단히 치열한 내신 경쟁을 벌이기 때문에 원하는 만큼의 내신 성적을 얻기가 쉽지 않습니다. 더군다나 아이가 치열한 경쟁에서 스트레스를 과도하게 받을 수 있는 성향이라면 특목/자사고 진학을 재고해야 합니다. 기숙사 생활이나 진학할 학교의 규정에 아이가 적응할 수 있는지도 고려해야 합니다.

특목/자사고 지원 전략

2028 대입개편안과 의대 정원의 대규모 확대로 특목/자사고에 대한 선호도가 더욱 높아졌습니다. 외고, 국제고, 자사고의 존치가 확정되고 특목/자사고가 대학입시에 유리한 상황으로 전개되고 있기 때문입니다.

준비는 빠르면 빠를수록 좋다

특목/자사고 진학 후 명문대까지 골인한 학생들을 보면 대개 초등학생 때부터 입시 전략을 세웠습니다. 특목/자사고 입시를 위해 초등학생 때 준비해야 할 대표적인 것은 독서 그리고 수학, 영어 기초 학력입니다. 초등학교 고학년이 되면 자녀와 함께 장래희망에 대해 충분한 대화를 나누어야 합니다. 아이와 꿈에 대해 이야기를 나누며 특목/자사고 준비의 필요성을 공유합니다.

초등학교 때부터 해 온 폭넓은 독서는 중학교나 고등학교 때의 학습과 사고력의 토대가 될 뿐 아니라 목표의식을 높이며 논술 등에도 커다란 영향을 미칩니다. 수학은 지나친 선행보다는 개념의 확실한 이해를 바탕으로 심화학습을 하는 게 좋습니다. 이를 통해 사고력, 창의력, 응용력을 높일 수 있습니다. 수학경시대회와 과학경시대회 준비도 좋습니다. 입상하지 못하더라도 준비 과정을 거치며 소중한 경험을 얻을 수 있습니다. 영어는 영어 동화책이나 어린이용 영자신문으로 영어 독서를 습관화해야 하며 필요한 경우 전문 학원의 도움을 받는 것도 좋습니다.

중학생이 되면 자신의 꿈과 적성을 고려해 구체적으로 자신이 목표로 하는 특목/자사고를 정하여 전략을 세워야 합니다. 이공계열을 공부할 것인지, 어문계열을 공부할 것인지, 해외에 있는 대학에 진학하고 싶은지 등을 고려하여 방향을 정합니다. 특목/자사고에 따라 특성이 매우 다르기 때문에 준비 방법도 달라야 합니다. 전문가의 조언이나 수기집, 다양한 캠프 참여 등을 통해 구체적인 목표 설정에 들어가도록 합니다.

특목/자사고 준비의 가장 기본은 내신이다

특목/자사고나 자사고 입시는 자기주도학습전형이지만 가장 기본이 되는 것은 내신입니다. 특히 1단계에서는 대개 내신과 출결로 면접 대상을 선발하므로 내신을 관리하지 못한 경우에는 1단계 전형에서 통과할 수 없습니다. 그렇게 되면 자신의 우수성을 알릴 자소서를 쓸 기회나 면접을 볼 기회조차 없습니다. 내신은 각 고등학교의 유형에 따라 특정 교과의 성적이 활용됩니다.

과학고는 수학·과학의 최상위 내신이 필수이다

과학고의 경우에는 주로 수학과 과학의 내신을 요구하기 때문에 특히 두 과목의 내신이 최상위권에 들어야 합니다. 과학고의 경우 1단계에서 수학·과학 내신(각각 50%씩)만 반영하며 영재학교처럼 별도의 수학·과학 시험이 없기 때문에 내신 비중이 절대적입니다.

따라서 수학·과학 성적만큼은 원점수 100점에 가깝도록 관리해야 합니다. 또한 1단계 서류 평가 시 학생부의 교과학습발달상황을 참고할 수 있기 때문에 주요 과목을 포함한 전 과목 성적이 성취도 A를 유지하도록 노력해야 합니다.

외고/국제고는 중2, 중3 영어 성적으로 1단계 합격자를 선발한다

외고/국제고는 중2, 중3 영어 성취평가제 등급으로 1단계 합격자를 선발합니다. 대개가 성취도 A를 받기 때문에 동점에 대비하여 국어와 사회 내신 성적을 확보해야 합니다. 동점자일 경우에는 3학년 2학기 국어, 사회, 3학년 1학기 국어, 사회 순으로 반영합니다.

자사고 내신 반영은 국·영·수·사·과가 기본이지만 학교마다 다르다

전국단위 자사고에서도 내신은 가장 기본입니다. 특히 자사고는 특목고와 달리 학교별로 반영 과목이 다르고 각각의 반영 비율도 다르기 때문에 자신이 목표로 하는 학교의 모집 요강을 꼼꼼하게 읽어 보고 그 반영 방법에 따라 관리하도록 합니다.

특목/자사고 합격은 학생부 관리로 결정된다

특목/자사고 진학을 위해서 우수한 내신이 기본 조건이라면 학생부는 실질적인 판단 기준이 될 수 있습니다. 특목/자사고 자기주도학습전형에서 학생부는 몇 가지 중요한 의미를 가집니다.

첫째, 내신을 통해 1단계로 뽑는 학생들의 학업 능력에 대한 변별력 부족을 보완할 수 있습니다. 특목/자사고는 대입 실적을 높이기 위해 내신보다는 수능이나 논술에 강한 학생을 뽑으려 하기 때문입니다.

둘째, 중학교 내신이 성취평가제(절대평가)이기에 동점자 비율이 높을 수 있습니다. 이때 학생부가 결정적 역할을 합니다. 학생부는 객관적인 학교생활을 기록해 놓아 학생의 실력뿐 아니라 열정, 성실함 등

인성적 요소까지 파악할 수 있습니다.

셋째, 학생부는 자기소개서 작성의 토대이자 중요한 면접 자료로 활용됩니다. 자소서나 면접의 비중이 커진 만큼 학생부는 합격에 결정적인 영향을 끼칠 수 있습니다.

이처럼 학생부 관리가 특목/자사고 입시의 핵심 요소임에도 많은 학부모가 학생부 비교과 영역에 대한 중요성을 모릅니다. 입시가 코앞에 다가와서야 제대로 관리를 하지 않았다며 후회합니다. 학생부는 한 번 기록이 끝난 상황에서는 추가나 삭제 등 수정이 불가능하기 때문에 특목/자사고 진학을 위해서는 미리 관리해야 합니다.

학생부 관리는 부모가 관리를 직접 도와주면 수월합니다. 학생부 기록과 수정 시기에 맞춰 독서 이력이나 봉사활동 내역, 장래희망과 계획을 부모가 아이와 함께 관리하는 것입니다. 이렇게 중학교 학생부를 관리해 본 경험은 대학입시에서도 빛을 발합니다. 학생부종합전형을 위한 고등학교 학생부 관리 능력을 쌓을 수 있습니다.

특목/자사고는 명문 대학 진학 가능성이 있는 학생을 원한다

특목/자사고 관계자 입장에서 학생 선발의 최우선 조건은 좋은 대학에 입학할 수 있는 자질을 갖추고 있느냐입니다. 특목/자사고가 원하는 인재상 역시 설립 목적에 맞는 학생보다는 명문 대학에 진학 가능한 학생입니다. 특목/자사고 관계자들이 입학사정에서 가장 중요하게 여기는 부분이 국어, 수학, 영어의 선행학습과 심화학습이 얼마나 되어 있는가입니다. 그들은 중학교 때 내신 위주의 학습을 한 학생을 특목/자사고에 와서는 안 되는 유형이나 실패할 유형으로 봅니다.

결국 중학교 과정에서의 학습 습관과 태도, 목표의식, 선행·심화 학습의 유무 등이 핵심 포인트입니다. 따라서 항상 큰 꿈을 제시하고 자신의 진로에 대한 비전과 계획을 밝히며 고등학교 진학 후에도 경쟁력이 있음을 보여 줘야 합니다.

외고/국제고/자사고/과학고/ 영재학교/자율학교 전형 방법 및 특징

선발형 고등학교 전형 방법

외고/국제고는 2~3학년 영어 내신으로 선발한다

외고/국제고는 영어 내신으로 1단계 통과자를 결정합니다. 입시 전략 1단계에서는 영어 내신 160점과 출결로, 2단계에서는 1단계 성적과 면접 40점 총 200점 만점으로 뽑습니다. 성취평가제 환산점수는 A등급(90점 이상)은 40점, B등급(80점 이상)은 36점, C등급(70점 이상)은 32점으로 등급 간에 4점씩 차이가 납니다. 이때 영어 내신 동점자일 경우 3학년 2학기 국어, 사회, 3학년 1학기 국어, 사회 순으로 반영하며 수학 및 과학 교과는 활용할 수 없습니다. 1.5(서울지역)~2배수(경기지역)로 학생을 선발한 후 2단계 면접으로 최종 합격자를 뽑습니다.

따라서 외고/국제고를 목표로 하는 학생은 2학년, 3학년 성취평가제는 당연히 A등급을 확보하고 국어, 사회 과목의 성적도 신경 써야 합니다. 또한 지역제한제가 적용되기 때문에 해당 지역에 있는 외국어고, 국제고의 지원만 가능하다는 것도 알아 두어야 합니다.

자사고, 외고, 국제고 간 중복 지원을 금지한다

자사고(전국단위)는 1단계에서 내신 성적과 출결(감점)로 1.5~2배수 면접 대상 학생을 선발하고 1단계 성적과 서류 평가 및 면접으로 최종 합격자를 선발합니다. 내신 성적 반영 과목과 학년, 내신과 면접의 반영 비율은 교육청의 승인을 받아 학교에서 자율로 결정하기 때문에 학교별로 다양합니다. 내신 성적은 원점수, 과목 평균을 제외한 성취평가제 성취도 수준을 활용합니다. 학교 내신 반영 과목이나 가중치도 학교마다 다른데 대개 국·수·영·사·과 등 주요 과목에 가중치를 부과하는 방식입니다.

이밖에 하나고와 민사고처럼 체력검사를 통과하거나 전 과목 내신을 반영하는 곳도 있습니다. 또한 전국단위 자사고와 광역자사고의 전형 방법이 다르니 입시 요강을 확인해야 합니다. 한 가지 유의할 점은 국제고, 외고, 자사고 간 중복 지원을 하지 못한다는 것입니다. 이 중지원 시 불합격 처리 기준은 본인의 지역뿐 아니라 전국 모든 국제고, 외고, 자사고에도 적용됩니다.

선발형 고등학교 유형별 전형 방식

학교 유형	전형 방식		기타	학교 예시
	1단계	2단계		
외고/국제고	중2, 3 영어 내신 성적 (160점) + 출결(감점)	1단계 성적 + 면접(자기주도학습 + 인성)	동점자 발생 시 국어, 사회 성적 반영	대원, 대일, 명덕, 한영, 이화, 서울, 경기, 고양, 안양, 과천, 수원, 성남외고, 인천, 대전, 대구, 제주, 부산외고 등(30개교) 서울, 동탄, 고양, 청심, 인천, 부산, 세종, 대구 국제고(9개교)
자사고 (전국)	내신 성적 + 출결	1단계 성적 + 면접	민족사관고·상산고(학교 자체 방식) 반영 과목과 학년별 반영은 학교마다 다름	하나고, 외대부고, 상산고, 민족사관고, 북일고, 김천고, 포항제철고, 광양제철고, 인천하늘고, 현대청운고(10개교)
자사고 (광역)	내신 성적 관계없이 정원의 1.5~2 배수를 추첨 선발	150% 이상 지원 시 면접 실시	100% 이하 지원 시 2단계 면접 생략	휘문고, 세화고, 현대고, 중동고, 세화여고, 보인고, 선덕고, 배재고, 대성고, 한양대부속고, 충남삼성고, 안산동산고, 해운대고, 경신고, 대건고, 계성고, 대성고, 숭덕고, 포스코고 등
과학고	서류 평가 + 방문 면담	면접평가	자기주도학습 전형 진행 절차가 시·도별로 다름	세종, 한성, 경기북, 인천, 강원, 충남, 충북, 부산, 부산일, 경북, 경산, 대구일, 울산, 경남, 창원, 전남, 전북, 제주 과학고(20개교)
영재학교	서류 평가 (수학·과학 교과우수성, 수상 실적, 연구 등)	영재성검사 또는 창의적 문제해결력 검사	3단계: 과학영재캠프(영재성, 인성, 협업 능력, 리더십 등 다면적 평가)	서울과학고, 경기과학고, 대전과학고, 대구과학고, 광주과학고, 세종과학예술, 인천과학예술, 한국과학영재학교(8개교)
자율고	교과 + 비교과	1단계 성적 + 면접	반영 과목 및 학년별 반영 비율 학교마다 다름	한일고, 공주사대부고, 양서고, 와부고, 세마고, 거창고, 거창대성고, 남해해성고, 익산고, 안동풍산고, 한민고, 강원외고 등

주) 선발형 고등학교에 대한 자세한 정보는 고입정보포털(www.hischool.go.kr)을 참고할 것.

자기주도학습전형이 다르므로 학교별 입학전형계획을 참고해야 한다

과학고는 1단계 서류 평가 및 개별 면담 결과와 2단계 소집 면접을 종합하여 최종 합격자를 선발합니다. 서류 평가는 학교생활기록부 행동특성 및 종합의견에 기재된 내용을 토대로 자기주도학습과정, 탐구체험활동, 봉사활동 및 핵심 인성 요소 관련 활동, 독서활동 등을 파악합니다. 개별 면담은 입학담당관이 지원자와의 면담을 통해 제출 서류 진위 여부 확인, 추가 정보 수집으로 과학·수학 분야의 관심과 흥미, 과학고 지원 동기, 꿈과 끼를 살리기 위한 활동 계획과 진로 계획을 토대로 평가 진행합니다.

과학고의 경우 자기주도학습전형 진행 절차가 시·도별로 다르므로 각 시·도별 고등학교 입학전형 기본계획을 참고해야 합니다(고입정보 포털 사이트 www.hischool.go.kr).

영재학교는 중복 지원을 금지한다

영재 전형 과정은 1단계 서류 평가(수학·과학 교과우수성, 수상 실적, 연구 등), 2단계 영재성 판별검사(시험), 3단계 영재캠프(영재성, 인성, 협업 능력 등 다면적 평가)로 이루어집니다. 때문에 수학, 과학, 국어, 영어 교과에 대한 평가에서 A등급은 필수입니다. 영재학교 지원 자격은 '중학교 재학생, 졸업생으로 학교의 학교장 또는 지도교사의 추천을 받은 자'입니다. 중학교 3학년 학생뿐만 아니라 중학교 1학년, 2학년, 중학교를 졸업한 학생도 지원할 수 있습니다.

영재학교 준비 과정은 대부분의 과학고와 비슷합니다. 준비 정도는 올림피아드 수준까지 깊이 있는 공부를 해야 함은 물론 3단계까지의 심층 창의력 측정과 조별 과제, 과학 논술, 과학 실험 등을 위한 발표력 연습 및 과학 논술 대비 사고력 확장에 초점을 맞춰 준비해야 합니다. 지역인재 우선 선발 인원을 확대하면서 영재학교 지원 전략에서 중요한 요소가 되었습니다. 한편, 영재학교 이공계 분야 우수 인재 양성을 위해 설립된 본래 취지에 반하여 해마다 의학계열로 진학하는 학생들이 생기자 이를 막기 위한 징계 및 졸업 유예 등 제재방안이 강화되었습니다.

자율학교는 자사고와 유사하다

자율학교는 자사고와 유사한 특징을 갖습니다. '전국단위'와 '광역단위' 모집을 합니다. 보통 1단계에서 교과(80%) + 비교과(20%)로 선발하거나 2단계 면접을 더하여 선발하는 경우가 많습니다. 반영 교과는 자사고와 마찬가지로 국·수·영·사·과 혹은 국·수·영을 반영하거나 전 과목을 반영하는 경우도 있습니다. 학년별, 과목별 반영 비율이나 배점이 학교마다 상이하므로 가고 싶은 학교의 입시 요강 등을 미리 알아보는 것이 중요합니다.

선발형 고등학교 특징 & 준비하기

외고/국제고도 수학 잘하는 학생을 선호한다

2028년 대입개편안으로 외고/국제고의 인기가 급상승하고 있습니다. 외고/국제고는 수시, 정시를 가리지 않고 높은 명문대 진학률을 보였는데 내신 부담이 줄면서 이러한 현상은 더욱 부각될 것입니다.

외고/국제고는 우수한 학생들 간의 경쟁을 통하여 전반적으로 실력 향상이 도모될 뿐 아니라 상호협동을 통한 학습 효과 향상도 꾀할 수 있습니다. 또한 상위권 대학이 선호하는 우수한 프로그램을 운영합니다. 동아리활동, 창의적체험활동, 특화 프로그램 등을 운영하여 수준 높은 비교과(스펙) 관리가 이루어집니다. 학교 차원에서도 이러한 비교과 프로그램 개발과 운영에 적극적이고 최대한 지원하는 분위기입니다.

외고는 들어가기보다 적응하기가 힘든 곳입니다. 탄탄한 외국어 능력을 바탕으로 경쟁상대와 경쟁을 즐기며 스스로 성장하는 데 성취감을 느끼는 학생들에게 적합합니다. 반대로 치열한 경쟁 속에서 적응하지 못해 과도한 스트레스로 중도 탈락하는 경우도 꽤 많습니다. 더군다나 외국어 전문교과를 이수해야 하기 때문에 외국어 실력이 없는 경우는 경쟁을 이겨 내지 못하고 심한 자괴감에 빠질 수도 있습니다. 중학교 때 영어 내신 성적이 우수한 정도로는 안 됩니다.

또한 외고는 수학의 선행·심화가 부족하면 적응하기 어려운 곳입니다. 외고임에도 불구하고 오히려 수학에 좌절감을 느끼는 경우가 많습니다. 외고는 일반고에 비해 적은 수업시수에도 불구하고 한 학기에서 1년 정도 진도가 빠릅니다.

외고에서 정기 교육과정만으로는 수능 고득점을 담보할 수 없습니다. 특히 사교육의 도움을 받기 힘든 기숙형 학교라면 입학 후 스스로의 노력만으로 실력을 따라 잡는 것은 극도로 어렵습니다. 이 때문에 외고는 영어보다 수학을 더 잘하는 학생이 진학해야 유리하다는 게 상식이 되었습니다. 이런 이유로 외고에서 과학고를 준비했던 학생을 선호하거나 영어보다는 오히려 수학에 능력 있는 학생을 뽑는 추세입니다.

자사고는 대학 진학을 위한 맞춤형 학교이다

2028 대입개편안의 최대 수혜자라 불리는 곳이 자사고입니다. 2025학년도부터 내신 5등급 평가제 방식으로 바뀌어 치열했던 내신 경쟁에서 어느 정도 자유롭게 된 것입니다. 수시와 정시 체제에 모두 대비가 가능합니다. 더 나아가 자연계에 강점을 가지고 있어 의대 정원 확대 정책에 의해 인기가 더욱 탄력을 받고 있습니다.

자사고는 일반고에 비해 변화하는 교육정책에 훨씬 유연하고 발 빠르게 대처하며 대학입시에 최적화된 학교입니다. 당연히 좋은 교육 시스템과 교육환경이 갖추어져 있습니다. 특화된 우수한 프로그램으로 전국단위 자사고나 서울 강남 자사고들의 의학계열 합격률이 매우 높습니다.

자사고는 인문계열과 자연계열 모두 선택할 수 있습니다. 외고는 인문계열 중심, 과학고는 자연계열 중심인 반면에 자사고는 문·이과를 뚜렷하게 구분하지 않아 학생들의 진학 폭이 넓습니다. 대학 진학을 위한 맞춤형 학교 형태인 셈입니다. 자사고는 커리큘럼 자체가 일반고에 비해 대학 진학에서 비교 우위에 있습니다. 학생들의 학업 능력이 우수하여 학교 진도를 빠른 시간에 마칠 수 있고 교과 내용을 계속 복습하면서 심화문제까지 해결하여 수능 준비에 최적화된 환경을 마련해 줍니다. 또한 수시 지원을 위한 다양한 프로그램이 갖추어져 있습니다.

자사고는 일반고에 비해 학생부종합전형, 논술전형, 특기자전형 등 비교과 영역에 대한 다양한 프로그램과 학교활동 운영에 적극적입니다. 수시전형에 유리한 전공 역량을 준비할 수 있도록 학교가 능동적으로 좋은 환경을 만들어 주기 때문에 동기부여가 훨씬 더 잘됩니다.

하지만 준비가 안 된 자사고 진학은 오히려 독이 될 수 있습니다. 자사고 진학 후 중위권을 넘지 못하면 대학입시에 오히려 불리하게 작용할 수 있습니다. 내신, 수능, 비교과 등 모든 환경에 스트레스를 받을 수 있습니다. 특히 내신은 한두 문제만 틀려도 등수가 떨어져 깊은 패배감을 맛볼 수 있습니다. 진학 후 상위 30%를 유지할 자신이 있다면 자사고에 진학하는 것이 좋습니다.

과학고, 영재학교 진학은 체계적인 관리와 플랜이 필요하다

과학고나 영재학교를 체계적으로 준비하면 진학에 실패하더라도 명문 대학이 보장됩니다. 수학·과학 쪽에 재능이나 영재성이 있다면 일찍부터 영재학교나 과학고 준비를 하는 것이 좋습니다. 준비 과정에서 본인의 적성과 능력에 맞지 않아 계획을 수정하여 자사고나 외고, 일반고에 진학해도 대부분 두각을 나타냅니다. 또한 모두 공립이기 때문에 다른 특목고에 비해 기숙사비 등이 상대적으로 저렴합니다. 대학 진학에서도 과학고, 영재학교는 압도적 우위를 차지합니다.

과학고, 영재학교의 학생 대부분은 수능 위주 정시보다는 수능최저기준 없이 수시 학생부종합전형을 통해 이공계특성화대학(카이스트, 지스트, 디지스트, 유니스트, 포스텍 등) 등으로 진학합니다. 과학고나 영재학교에서 우수한 성적을 거둔 학생들은 대부분 서울대, 카이스트, 포스텍 등 최상위 학교에 진학하고 있습니다.

과학고에 진학하려면 초등학교 저학년 때부터 수학, 과학의 토대를 닦아야 합니다. 초등학교 때부터 영재성을 판별하여 체계적으로 준비한 학생들이 경쟁력이 있습니다. 영재교육원이나 영재학급, 각종 경시대회 등의 체계를 밟아 준비하는 경우가 대부분입니다. 장기간에 걸친 준비 없이는 진학이 힘듭니다.

또한 영재학교와 과학고를 동시에 준비한다는 생각으로 진학 플랜을 세웁니다. 영재학교와 과학고는 입시 준비 과정이 매우 비슷하고 선발 방식도 유사하기 때문에 동시에 준비하는 계획을 세우고 영재학교를 지원한 후에 떨어지면 과학고에 진학하는 형태를 띠고 있습니다. 학생들 입장에서는 영재학교를 통해서 본인의 준비 정도를 가늠해 볼 수 있고 부족한 부분을 보완할 수 있습니다.

과학고, 영재학교는 준비된 학생들만 진학하는 것이 바람직합니다.

과학고의 경우 재학생의 상당수가 조기 졸업을 합니다. 물론 수학·과학의 학습량은 일반고는 물론 자사고와 비교할 수 없을 정도로 어마어마합니다. 고등학교 수학·과학 과정은 선행과 심화학습을 마친 상태로 고등학교에 진학한다는 것을 전제로 하기 때문입니다. 대부분의 과학고 학생은 중학생 때 고3 수학까지 선행합니다. 적어도 고2 수준까지는 기본으로 선행합니다. 과학고 수업을 위한 선행과 심화학습이 안 되어 있다면 수업을 따라가기 힘듭니다.

자율학교가 새로운 입시 강자로 떠오른다

자율학교는 내신 성적을 바탕으로 한 선발형 고등학교이기 때문에 성적이 우수하고 뛰어난 면학 분위기로 입시에서 높은 성과를 냅니다. 특히 자기주도학습 능력과 학업 의지는 특목고 못지않습니다. 자율학교는 대개 특목/자사고의 장점을 도입하려고 합니다. 대부분 기숙사생활을 하고 방과후활동이나 동아리활동을 적극적으로 지원하여 학생들의 비교과 영역에서 성과를 내어 수시(학생부종합전형) 지원에서의 경쟁력이 높습니다.

학비가 부담스러운 특목고나 자사고에 비해 일반고 수준으로 등록금이 저렴합니다. 대개 기숙사생활을 하며 학교 위치가 농촌지역에 자리 잡고 있어 사교육에서 자유롭다는 것은 장점이자 단점이 될 수 있습니다.

또한 자율학교들은 비교적 자유로운 교육과정 운영이 가능합니다. 외고나 국제고, 과학고, 특목고처럼 특정 목적을 위한 교육과정 편성이 아니라 자사고에 가까운 자율적인 교육과정 운영이 어느 정도 가능합니다. 그렇기 때문에 특색 있는 교육을 진행할 수 있고 수능 준비에 최적화된 프로그램을 운영하려 합니다. 특히 기숙사 학교의 특성을 최대한 활용하여 다양한 교내활동을 지원하여 비교과에서도 우위를 점할 수 있어 학생부종합전형 등 대학입시에서 매년 우수한 성과를 보이고 있습니다.

Q&A

과학영재학교와 과학고 전형 방법은
어떻게 다른가요?

과학영재학교와 과학고는 이공계 분야 우수 인재를 양성한다는 같은 목표를 가지고 있습니다. 보통 '과학고'라는 명칭이 포함되어 서로 혼동하는 경우도 있지만 운영 주체, 모집 시기, 전형 방법에서 큰 차이가 있습니다. 일반적으로 과학영재학교 탈락자가 과학고로 진학하는 경우가 많습니다. 과학영재학교와 과학고의 전형 방법은 다음과 같습니다.

과학영재학교와 과학고 전형 방법 비교

구분		과학영재학교		과학고
전형 단계	1단계	**서류 평가** - 학생부, 자기소개서, 추천서, 영재성 입증자료 - 지원자의 인성 및 영재성을 종합적으로 평가	1단계	**서류 평가 및 방문 면담** - 교과 내신 성적(수학 50%, 과학 50%) - 출결상황, 창의적체험활동상황 등 학교생활기록부를 종합적으로 검토, 방문 면접 대상자 선정(총 모집 인원의 2배수 내외) - 면접대상자 선정(총 모집인원의 1.5배수 내외)
	2단계	**영재성 평가** - 수학·과학에 대한 교과지식을 바탕으로 융합적 사고 및 창의적 문제해결력 등을 평가		
	3단계	**영재성캠프** - 1박 2일~2박 3일 간의 과학캠프 - 창의연구설계 및 해석, 발표 및 토론 능력 등을 평가 - 면접을 통해 인성, 과학적 탐구 능력 등을 평가	2단계	**면접 평가** - 지원자 - 지원자의 담임교사, 수학 또는 과학 담당교사 - 면접대상자 선정(총 모집 인원의 1.5배수 내외) - 서류 평가, 방문 면담, 면접 평가, 추가자료 평가 결과를 종합하여 합격자 선발
모집 시기		6~8월		9~11월
예		서울과학고, 경기과학고, 한국과학영재학교 등(전국 8개교)		세종과학고, 한성과학고, 경기북과학고 등(전국 20개교)

CHAPTER 4

중학교 때 시작하는
대학입시 맞춤
국·수·영 학습법

2028 대학입시개정안 발표에 모두 과하게 반응하며 입시 전략과 심지어 공부법을 새롭게 바꾸려 하고 있습니다. 대학입시정책이 발표될 때마다 너무 민감해서도, 너무 무시해서도 안 됩니다. 입시 원리는 크게 변하지 않습니다. 영어에 이어 수학까지도 절대평가 방식이 논의되고 있지만 평가 방식과는 별개로, 지금까지 입시의 역사에서 국어·수학·영어의 비중이 줄어든 적은 단 한 번도 없었고, 이것은 앞으로도 변함없을 것입니다. 결국은 국·수·영 실력입니다. 그래서 지금부터 중학교 때부터 시작하는 국어, 수학, 영어 대학입시 맞춤 학습법을 소개합니다.

입시에 성공한 학생들과 입시 준비를 힘들어하고 슬럼프에 빠지는 학생들의 큰 차이점 중 하나가 학습법입니다. 최고의 학습법이 정해져 있는 것은 아니지만 성공한 학생들은 나름대로의 학습법을 가지고 있습니다. 특히 중요한 것은 모두 무조건 열심히 하는 것만이 아니라 학습법에 대한 연구를 끊임없이 모색하여 개선하려 노력했고 그 결과 성과를 얻었다는 것입니다.

수능에서 가장 중요한 과목, 국어 학습법

국어는 독해력, 사고력, 문제해결 능력을 평가하는 과목입니다. 중학 국어와 고등 국어의 가장 큰 차이점은 시험 범위에 있습니다. 중학 국어에서는 제한된 좁은 시험 범위와 익숙한 교과서 지문이 출제되는 반면, 고등 국어에서는 범위가 매우 넓고 정해져 있지 않아 낯선 지문이 출제되어 그 차이가 매우 큽니다.

국어는 단시일 내에 성적을 올릴 수 없습니다. 중학교 국어와 비교할 때 확 달라진 고등학교 국어를 전략 과목으로 만들기 위해서는 미리 준비해야 합니다. 준비가 빠르다면 오히려 다른 과목보다 적은 노력으로 큰 효과를 거둘 수 있는 과목입니다. 수능 전체 과목 중에서도 항상 가장 중요한 과목으로 인식되고 있습니다.

개념 학습이 먼저다

국어 공부를 할 때 현실적으로 주요 개념을 먼저 완벽하게 숙지한 다음에 다음 단계를 공부하는 것은 어렵습니다. 하지만 학습하고 시험에 적용하는 단계에서 끊임없이 개념 학습을 보완해 나가야 합니다. 무조건 문제풀이나 작품 연구를 하기 전에 개념 학습을 하게 되면 문제풀이가 달라집니다.

개념 정립은 낯선 문학 작품들의 맥락을 파악하여 해석할 수 있도록 합니다. 또한 지문과 문제의 밑바탕에 무엇이 깔려 있는지를 알게 해 줍니다. 개념 학습에는 개념어 정립이 포함됩니다. 문학 개념어를 단단하게 해 놓지 않으면 고등학교 모의고사 문제나 선택지에 나오는 용어의 뜻을 몰라서 문제에 접근 자체가 안 되는 경우도 발생합니다. 문법의 개념은 반드시 '이해'를 바탕으로 암기하여야 합니다. 무조건 암기해서는 나중에 응용이 안 됩니다.

출제자의 의도를 파악하라

기출문제 분석으로 출제자의 의도를 파악하는 습관을 가지는 노력을 해야 합니다. 아무런 생각 없이 문제를 풀면 경험에서 오는 자기 혼자만의 사고를 문제에 적응하려는 오류를 범하는 경우가 많습니다. 출제자는 학생이 지문의 내용을 정확하게 읽고 이해할 수 있는지를 평가하기 위한 문항을 출제하는데 지문의 정보를 변형하여 선지를 만드는 방식을 많이 활용합니다. 출제자가 어떤 의도로 문제를 출제했고, 어떤 답을 원하는지, 어떤 오답을 유도하는지를 파악하는 것이 무엇보다 중요합니다.

기출문제를 제대로 분석하라

기출문제가 가장 좋은 해결책이라는 말을 많이 합니다. 맞습니다. 하지만 기출문제를 단순하게 많이 풀어 보는 것이 아니라 깊이 있게 분석을 해야 합니다. 이럴 때 지문 구성의 원리와 문제 유형에 익숙해지고 효과적인 정보 처리 전략을 습득하게 됩니다. 문제집을 왜 풀어야 하는지, 풀고 나서 어떻게 활용해야 하는지를 잘 모르는 채 무작정 문제집만 푸는 학생이 많습니다. 그러나 반복되는 패턴을 익히고 틀린 문제의 이유를 분석하여 정확하게 알고, 맞힌 문제도 확실하게 알고 풀었는지, 알고 있는 개념을 잘 사용해서 풀었는지가 핵심입니다.

교과서와 친해져야 한다

교과서는 가장 훌륭한 지침서입니다. 교과목에서 무엇을 배워야 할지가 가장 중요한데 그것을 다 알려 줍니다. 보통 교과서는 '학습 목표'와 '배울 내용'을 제시해 줍니다. 대단원의 학습 목표가 있고 더 나아가 학습 목표에 대해 배울 내용까지 나옵니다. 당연히 시험과 연결되는 핵심 내용입니다. 교과서를 읽을 때, 수업을 들을 때, 예습과 복습을 할 때 이 내용만 알고 있어도 됩니다. 교과서 내의 작품을 읽을 때도 '학습 목표'를 생각하면서 읽으면 내용도 쉬워지고 자연스럽게 시험 준비가 됩니다.

독해 방법 훈련도 필요하다

독해 원리를 이해하고 독해력을 높이는 것이 중요합니다. 평소 '주제 찾기' 훈련을 집중하는 것도 효과적입니다. 글을 읽은 뒤 내용을 구조화하여 핵심 내용을 정리하는 능력을 키워야 합니다. 그래야 정보를 왜곡 없이 받아들일 수 있습니다. 신문 칼럼을 읽으며 논리의 흐름을 파악하고 전달하고자 하는 내용을 파악하는 것도 독해력을 높이는 좋은 방법입니다.

EBSi 교재와 강의를 활용하라

고등학교 국어를 미리 학습할 수 있는 교재와 강의로는 EBSi를 추천합니다. 다른 과목들도 마찬가지입니다만 특히 국어 과목의 경우 자신의 국어 역량을 테스트하고 EBSi를 가지고 자신의 학습 역량을 종합적으로 파악해 자신에게 필요한 공부가 무엇인지부터 알아보는 것이 좋습니다. 이러한 공부를 할 수 있는 교재와 강의가 EBSi에 있습니다. 고등학교 국어를 미리 학습할 수 있는 '예비과정'과 본인이 진학하게 되는 고등학교 국어 교과서의 '진도특강'을 선택해서 공부하면 좋습니다. 수능 국어의 EBS 연계율은 50% 이상입니다.

결국은 독서다

다른 과목에 비해 국어 성적이 잘 나오는 학생, 국어는 어렵지 않다고 하는 학생은 이전에 이미 상당한 독서량을 확보한 경우가 대부분입니다. 독서량만 가지고도 국어의 대부분을 해결할 수 있습니다. 독서는 비문학, 특히 고등학교 때 처음 보는 난도 높은 지문에서 글의 구조를 파악하고 요점을 찾아서 문제를 해결하는 데 큰 힘이 됩니다. 글 속에 담긴 내용을 정확하게 파악하는 독해력이 자연스럽게 형성되어 있기 때문입니다. 또한 꾸준한 독서는 글을 빠르게 읽고 요약하는 능력을 자연스럽게 만들어 줍니다.

독서 습관은 어렸을 때 형성되는 경우가 많습니다. 좋은 독서 습관이 있으면 국어는 물론이거니와 영어나 수학까지도 최소한 반은 성공입니다. 교과서 읽기, 한국문학작품 읽기까지가 좋지만 종류는 크게 상관없습니다. 고등학교 입학 후에는 독서 시간을 확보하기가 어렵기 때문에 그 전에 읽는 것이 좋습니다. 모든 입시는 결국 독서로 귀결됩니다.

수능 변별력의 핵심,
수학 학습법

여전히 수학은 입시 '변별력'의 핵심입니다. 최근 '킬러문항' 논란이 있었습니다. 킬러문항으로 인해 사교육이 촉발된다는 이유로 2024학년도부터 킬러문항을 배제한(?) 수능이 치러졌습니다. 하지만 결과는 '킬러는 없지만 어려운' 시험이 되었습니다. 대부분의 학생은 킬러문항이 진짜로 없어진 것인지 구별이 안 될 만큼 고난도의 문제가 대거 출제되었습니다.

내신에서도 상위권 학생들이 가장 부담스러워하고 가장 많은 시간을 쓰는 과목은 수학입니다. 투자한 시간 대비 높은 성적을 받기 가장 어렵기 때문입니다. 이처럼 수학은 여러 변화에도 꿋꿋이 입시에서 '게임 체인저'의 지위를 유지하고 있습니다.

교과서 개념을 정확히 공부해야 한다

'약간의 논란'은 있지만 모든 시험의 기본은 교과서임은 부정할 수 없는 사실입니다. 교과서에 서술된 논리 과정과 증명을 이해하는 것은 수학 학습의 시작과 끝입니다. 개념을 교재 없이 다른 친구에게 설명할 수 있을 만큼 공부해야 합니다. 응용력은 문제풀이에서 나오는 것이 아니라 확고한 개념 이해에서 나온다는 것을 명심해야 합니다.

기본 문제들은 암기 수준으로 공부해서 속도를 높여야 한다

모든 수학책에는 '예제', '필수예제', '필수유형' 등의 이름으로 된 문제들이 있습니다. 이는 개념이 어떤 식으로 적용되는지를 보여 주는 가장 기본적인 문제들입니다. 그런 만큼 시험에 출제될 확률도 높습니다. 그래서 기본 개념 문제들은 암기 수준으로 반복해서 공부해야 합니다. 그래야 시험에서 문제 푸는 시간을 줄일 수 있습니다. 난도 높은 문제를 해결하는 데에는 일정한 시간이 필요하기 때문입니다. 기본 문제들을 최대한 빠른 시간 안에 풀어내야 난도가 높은 문제들을 풀어낼 시간이 확보됩니다.

문제를 푸는 것은 공부하는 것이 아니다

'수학' 하면 곧 문제풀이라고 생각하는 학생이 많습니다. 하지만 문제를 푸는 것은 수학 공부를 하는 것이 아닙니다. 공부를 했다는 것은 몰랐던 것을 알게 되는 과정인데 문제를 풀어 본다고 해서 애초에 머릿속에 없는 지식이 갑자기 생겨나지는 않습니다. 따라서 수백, 수천

개의 문제를 풀어 본다고 수학 실력은 결코 늘지 않습니다. 풀고 나서 채점을 하고 설명을 듣거나, 해설을 보는 등의 정확한 풀이과정을 이해하는 단계를 거쳐야 수학 실력이 좋아지게 됩니다.

그렇다고 문제를 푸는 행위가 의미 없는 것은 아닙니다. 자신이 '아는 것과 모르는 것'을 구별하는 데 큰 의미가 있습니다. 문제를 풀어 보면서 자신이 모르는 문제를 찾아내고 그것들을 해결하는 방법을 '공부'해야 수학 실력이 늘게 됩니다.

어려운 문제들을 많이 풀어 봐야 한다

수능에서 수학은 킬러문항을 없앤다고 했지만 여전히 어려운 것으로 확인되었습니다. 그리고 학교 시험도 점점 어려워지는 추세입니다. 몇몇 지역 학교들의 시험 문제들은 '이걸 다 풀 수 있는 학생이 있을까?'라는 의문이 들 정도로 어렵습니다. 현재의 상대평가 등급제에서 변별력을 위해 어쩔 수 없는 부분이 있을 것입니다. 교과서의 문제들은 중요하지만 그것만으로는 결코 고득점을 기대할 수는 없습니다. 다양한 고난도 문제들을 고민하고 풀이에 접근하는 새로운 방법들을 학습해야 어려운 수학 시험에 적용할 수 있습니다.

수학 문제는 노트에 풀어야 한다

시중의 교재들은 여백이 부족합니다. 과정을 제대로 서술하기도 힘들뿐더러 한 번 풀이과정을 써 놓게 되면 다시 풀 때 은연중에 풀이과정을 보게 되므로 복습 효과가 떨어집니다. 또 노트에 충분한 공간을 두고 풀이과정을 차근차근 기록해야 틀렸을 때 잘못된 곳을 찾기도 쉽습니다. 여기저기 막 풀어 놓으면 어디가 틀렸는지 찾기 어려워 처음부터 다시 풀어야 하는 경우가 많습니다. 교재에는 문제 번호 주변에 틀렸다는 표시 정도만 하는 것이 좋습니다.

그림을 잘 그려야 한다

수학을 잘하기 위해서는 그림을 잘 그려야 합니다. 문제를 읽기만 해서는 요구하는 것이 무엇인지 바로 보이지 않는데 문제의 조건을 따라 그림 또는 그래프를 그리고 나면 구해야 하는 것을 명확히 파악할 수 있는 경우가 많습니다. 또 텍스트로만 기억한 것보다는 그림이나 영상으로 기억한 것이 더 오래 가기 마련입니다. 손으로 그려야 하니 정확히 그리는 것은 어차피 힘들지만 대략적인 특징들을 나타낼 수 있을 정도로는 그릴 수 있도록 연습해야 합니다.

혼자 공부하는 시간을 확보해야 한다

많은 학생이 수업을 듣고 이해했으면 그 부분을 알았다고 생각하지만 결국 자기 스스로 직접 풀어서 정답이 나오는 것까지 확인해야 제대로 이해한 것입니다. 유명한 댄서의 춤을 아무리 봐도 직접 몸을 움직여 연습하지 않는 한 똑같이 출 수 없는 것과 마찬가지입니다. 공부는 다른 사람의 설명을 '감상'하는 것이 아니라 직접 '실행'해야 하는 것입니다. 스스로 읽고 이해하고 문제에 적용시키는 연습은 곧 학습 능력을 향상시키는 과정과 같습니다.

고3 과정까지 학생들이 공부해야 할 문제의 수는 수만 개 이상인데 어떤 학교에서도, 어떤 학원이나 인강에서도 이것들을 모두 풀어 주지 못합니다. 결국 대부분의 문제는 스스로 풀고 이해해야 하는 것입니다. 따라서 학습 계획을 세울 때는 반드시 일정 시간 이상 혼자 공부하는 시간을 확보해야 합니다.

재능은 꾸준함을 이기지 못한다

수학 학습은 결국 다양한 수학 개념을 이해하고 많은 문제를 풀고 틀리거나 모르는 것들을 찾는 과정의 반복입니다. 하지만 대부분의 내용은 시간이 지나면 잊어버리게 됩니다. 따라서 한 번 공부해서 이해했다 하더라도 반드시 복습하는 과정이 필요하며, 학생에 따라 여러 번의 반복이 필요할 수도 있습니다.

특히 앞에서 언급했듯이 수학을 잘하기 위해서는 어려운 문제들을 접해 봐야 하는데 문제가 어려울수록 해결하는 데 더 많은 시간이 쓰이게 됩니다. 몇 번이고 복습하고 다양한 어려운 문제들을 이해하고 푸는 데 하루 이틀 벼락공부로는 결코 잘할 수 없습니다. 수많은 시간이 필요한 만큼 꾸준함만이 유일한 방법입니다.

또 시험에서의 '감각'도 무시할 수 없습니다. 서울대 의대에 입학한 학생들도 오랜만에 수능 시험을 접하게 되면 생각만큼 잘 풀지 못하는 것이 수학 시험입니다. 꾸준하게 수학 공부를 하면서 감각을 유지해야 합니다.

수학을 포기하고도
대학에 갈 수 있을까요?

수학을 포기하는 사람(수포자)은 대입을 완전히 포기하는 것은 아니지만 상당히 많은 경우의 수를 놓치게 됩니다. 특히 서울지역 대학에 지원하기는 상당히 힘들어집니다. 대입 전형별로 수학을 포기하는 경우에 어떤 가능성이 있는지 알아보겠습니다.

첫째, 학생부교과전형에 지원하는 경우입니다. 서울 중상위 대학에 합격하려면 최소 1.5등급 이내에 들어야 하고 내신에는 당연히 수학이 포함됩니다. 수학은 기본적으로 단위수가 높기 때문에 수학을 포기한 학생이 평균 1.5등급 이내에 들기란 매우 어렵습니다. 서울 소재 대학 중 내신에 수학 과목이 필요 없는 경우는 예체능 계열과 일부 하위권 대학에 불과하며 인문계열조차 대부분 내신에 수학을 반영하기에 수학을 포기할 경우에는 답이 없습니다.

둘째, 학생부종합전형으로 수능최저등급이 없는 곳에 지원하는 경우입니다. 하지만 학생부종합전형은 교과 성적을 보지 않고 비교과활동만 보는 전형이 아니고 교과 성적이 우수한 학생 중에서 비교과활동도 좋은 학생을 선발하는 제도라는 것을 명심해야 합니다. 또한 불확실성이 가장 많은 전형이 학생부종합전형입니다. 올인했을 경우 가장 리스크가 큰 전형이어서 정시까지도 포기할 수밖에 없는 결과를 낳습니다.

셋째, 논술전형에 지원하여 수능최저등급을 맞추는 경우입니다. 수능최저등급이 수능 4개 영역 전체에 대해 적용되는 경우는 거의 없으므로 이론적으로는 수학을 제외한 나머지 과목으로 최저등급을 맞추면 됩니다. 일단, 이 방법은 인문계열만 해당됩니다. 자연계열은 논술전형에 수학 문제가 출제되기 때문입니다. 그나마 인문계열에서도 상경계열은 수학 문제가 논술로 출제되는 경우가 많아 제외됩니다.

넷째, 정시 모집에 지원하는 경우입니다. 이 역시 그나마 인문계열만 해당됩니다. 자연계열 학과이 정시 모집에서 수학전수를 반영하지 않는 곳은 전국적으로도 거의 없습니다. 인문계열도 서울권 주요 대학들은 모두 수학을 반영하므로 수포자가 정시 모집으로 대학을 가려면 서울 최하위권과 수도권 학교로 선택의 폭은 매우 좁아집니다.

수학을 포기해도 갈 수 있는 대학이 없지는 않지만 '명문대'는 없다고 해도 과언이 아닙니다. "수포자는 인서울 포기자다." "수학을 못하는 이과생은 갈 대학이 없고 수학을 잘하는 문과생은 못 갈 대학이 없다."라는 선배들의 말을 명심해야 합니다. 대학입시에서 수학의 영향력은 절대적입니다. 그래서 오직 수학만이 변별력을 가질 수 있는 과목이라는 말도 설득력이 있습니다.

수능 최고의 전략 과목,
영어 학습법

SKY의 정시 영어 영역 등급 간 점수 격차가 확대되어 3등급 이하를 받을 경우 실질적으로 이들 대학에 지원이 어려워졌습니다. 또한 수능최저학력기준의 전략 과목으로 활용하는 등 수능 영어 영역의 중요도가 더 커졌습니다.

입시에 성공하는 학생들은 대부분 수능 영어 준비가 중학교 때 마무리됩니다. 영어 성적이 대학을 보장해 주지는 않지만, 영어가 부족할 경우 다른 과목까지 발목을 잡히는 경우가 많습니다. 상위권 대학을 목표로 하는 학생이라면 안정적인 영어 실력을 확보해야 합니다. 다음은 영어를 조기에 완성하는 방법입니다.

영어 독서가 기본이다

동화책부터 영어 소설, 영어 신문까지 이어지는 꾸준한 영어 독서는 직독 직해 능력을 향상시킵니다. 뿐만 아니라 글을 종합적으로 보는 눈을 길러 '매력적인 오답'을 걸러 낼 능력을 키워 줍니다. 단어의 뜻을 정확히 알지 못해도 문맥을 이해하여 주제를 파악할 수 있습니다.

영어 독서는 수능 1등급 유지의 필수 요소인 문제 푸는 속도를 해결해 줍니다. 또한 배경 지식을 쌓는 데도 도움이 됩니다. 영어 독서를 할 때는 문학과 비문학의 균형을 맞추는 것이 좋습니다. 가장 추천하는 비문학 영어 텍스트는 영어 신문입니다. 영어 독서를 생활화하면 수능 문제 유형에 당황하는 일은 없을 것입니다.

일찍 준비된 어휘는 은행의 '복리이자'와 같다

어휘력은 문제풀이 능력입니다. 영어 시험은 '어휘력 자신감'과 직결됩니다. 어휘는 일찍 준비할수록 그 힘이 강력해집니다. 몰랐던 단어를 외웠다고 독해 중에 문장 속 단어의 뜻을 바로 인지하는 것은 아닙니다. 반복적인 학습으로 계속 크로스 체크하면서 자신의 언어로 구체화해야만 합니다.

고3 때 외운 단어를 실전에서 써먹을 수 있을까요? 아닙니다. 일찍 준비된 어휘만이 수십 차례 자동 반복되어 비로소 실력으로 발휘합니다. 단어를 암기할 때는 문장을 활용해 외우는 것이 좋습니다. 문맥 속에서 뜻을 이해하는 능력이 높아지고 오래 기억할 수 있습니다.

듣기는 정성이다

심화어휘, 문법, 구문독해 실력이 뛰어나지 않더라도 수능 듣기 만점은 어렵지 않습니다. 꾸준하게 정성만 들이면 됩니다. 듣기 지문을 읽어 보고 잘 안 들리는 문장은 통문장으로 외워 보세요. 대화의 핵심 문장은 반복해 읽어서 외웁니다. 스크립트를 직접 녹음해 들어 보는 것도 효과적입니다. 어휘력 확장과 마찬가지로 듣기 또한 일찍 시작하여 꾸준히 준비해야 합니다.

문법을 설명할 수 있어야 한다

문법은 고등학교 전에 완성해야 합니다. 중등 문법과 고등 문법의 차이는 크지 않습니다. 기초가 정확하게 잡혀 있으면 고등 문법은 시간이 걸리지 않습니다. 또한 문법은 정확한 글 읽기를 위해서도 제대로 마스터해야 합니다.

문법은 틀린 문제 위주로 공부하면 실력이 좋아집니다. 틀린 문법 문제의 문법 개념을 정리합니다. 그리고 왜 틀렸는지 스스로 설명할 수 있게끔 훈련합니다. 단순히 '왠지 틀린 것 같은데….'에서 그치면 안 됩니다. 문법은 마치 수학 문제를 풀 듯이 명확한 문법 개념을 근거로 어느 부분이 왜 틀렸는지를 설명할 수 있어야 합니다. 이러한 훈련이 반복되면 문장을 읽으면서도 어느 곳이 문법 문제로 나올 것인지가 눈에 보입니다.

문장 구조와 글의 흐름을 이해하고 주제를 파악하라

우리말로 번역하는 수준의 독해 연습으로는 실력 향상에 한계가 있습니다. 독해 실력을 키우려면 지문을 정확히 읽고 구조와 흐름을 이해하여 요지를 파악하는 것이 문제해결의 열쇠입니다. 출제자는 항상 매력적인 오답으로 유도합니다. 선입견을 가지고 문제를 대하거나 지문의 세세한 표현에 집착하면 오답을 고를 수 있습니다. '글쓴이가 말하려는 바가 무엇인가?'를 염두에 두고 읽어야 합니다.

글을 읽을 때 어떤 전개 과정으로 구성되었고, 어디에 집중해 읽어야 하는지 모르면 해석은 해도 주제를 모를 수 있습니다. 습관적으로 글의 패턴을 이해하고 글의 주제를 파악하며 글을 읽는 습관을 길러야 합니다.

영어 인증 시험을 동기부여의 계기로 삼아라

TEPS, TOEIC, TOEFL 같은 영어 인증 시험은 대입 전형에 반영되지 않더라도 영어 심화학습으로 삼기 좋습니다. 확실한 목표를 세워 공부하는 것이 가능하고 시험 결과가 좋으면 성취감이 큽니다. 또한 실력을 객관적으로 파악할 수 있어서 더욱 발전하는 자극제가 됩니다.

기출 모의고사로 자신의 위치를 파악하라

영어 과목에서 가장 쉽게 객관적인 자신의 위치를 파악할 수 있는 것은 바로 고교 기출 모의고사입니다. EBS 등에서 쉽게 구할 수 있는 각 학년별 모의고사 문제를 실전처럼 풀어 보면 정확하게 몇 등급인지 실력을 가늠할 수 있습니다.

영어는 문제 패턴이 비슷하기 때문에 수능 영어 문제 유형을 익히는 데도 도움이 됩니다. 유형별 풀이법을 반드시 숙지해야 합니다. 고등학교 입학 전에 모의고사 문제집을 가지고 준비하면 좋습니다. 고2 모의고사에서 2등급 이상을 확보하면 안정적이라 할 수 있습니다.

상위권 대학에 진학하려면
영어는 최소 몇 등급이어야 하나요?

서울 주요 대학을 희망할 경우 영어는 최소 2등급 이내가 되어야 합니다. 2등급과 3등급의 차이는 매우 큽니다. 영어의 영향력을 살펴보면 서울 주요 대학의 경우 1등급과 2등급의 점수 차이는 대체로 적고, 2등급과 3등급의 점수 차이가 커지는 경향을 보이기 때문입니다. 가령, 연세대의 경우 학생부종합 전형의 영어 수능 최저가 별도로 3등급이고, 정시에서도 영어 등급별 반영점수가 1등급(100점), 2등급(95점), 3등급(87.5점), 4등급(75점)입니다. 따라서 3등급 이하의 경우는 실질적으로 이들 대학에 지원이 어렵습니다.

영어는 수시나 정시 모두에 필요한 최고의 전략 과목입니다. 특히 수능최저학력기준의 최고 전략 과목으로 활용하는 등 입시에서 영어 영역의 중요도가 더 커졌습니다. 여기에서도 2등급 이상일 경우에는 수능최저학력기준에 결정적인 역할을 하는 경우가 많습니다.

영어는 대학별로 반영 방법 및 반영 비율이 다르기 때문에 지원하는 대학에 따라 유불리 현상이 발생할 수 있습니다. 만약 대학에서 가(감)점이 아닌 반영 비율을 적용하는 방식일 경우 환산점에 미치는 영향력이 매우 커져 이를 유의할 필요가 있습니다.

영어 수능 등급은 원점수 100점 만점에 1등급 90점 이상, 2등급 80점 이상, 3등급 70점 이상으로 등급당 10점씩 낮아집니다. 입시에 성공하는 학생들은 대부분 수능 영어 준비가 중학교 때 마무리됩니다.

CHAPTER 5

일반고에서
대학입시에
성공하는 전략

일반고라서 가능한
SKY, 의대 합격 비법이 있다

특목고 진학에 실패하고 일반고에 진학하여 서울대에 합격한 사례가 많습니다. 특목고에 갔더라면 서울대에 진학하지 못했을 경우도 있습니다. 서울대 진학을 목표로 한다면 특목고보다 오히려 일반고가 유리할 수 있습니다. 같은 양을 공부하더라도 특목고에서는 내신 올리기가 쉽지 않으며 우수한 학생들 사이에서 스트레스를 받기 쉽습니다. 일반고의 유리한 점을 살려 명문 대학에 진학할 수 있는 방법을 살펴보겠습니다.

서울대 지역균형전형은 일반고의 큰 혜택이다

전국 고등학교 중 서울대 합격자를 단 1명도 배출하지 못하는 고등학교는 전체 고등학교의 65% 정도입니다. 하지만 서울대 지역균형전형이라고 하는 전형이 없었다면 이 비율은 급격하게 올라갈 것입니다. 서울대 지역균형전형은 일반고나 중소 규모의 지방 소재 고등학교에 주어지는 가장 큰 혜택입니다.

실제 수능 성적으로는 진학할 수 없는 상황이더라도 이러한 전형을 적절하게 활용할 경우에는 오히려 특목고나 자사고에 진학한 경우보다 수월하게 서울대에 합격할 수 있습니다. 이러한 제도를 중학교 때부터 인지하고 전략적으로 일반고로 진학하는 경우도 많습니다. 내신과 비교과 관리의 초고수이면서 수능최저학력기준을 충족할 수 있는 능력이 있다면 꼭 고려해야 할 전략입니다.

지역균형전형은 학생부 관리 고수들의 경연장입니다. 서울대 지역균형전형은 학교생활을 얼마나 성실하게 했는지를 평가하는 전형이기 때문에 학생부 관리에 가장 많은 신경을 써야 합니다. 그중에서도 내신은 전교 1~2등을 확보해야 합니다. 각 고등학교에서 2명까지 추천이 가능합니다. 학교별 1등끼리 각축을 벌이는 고수들의 싸움이기 때문에 같은 1등이라도 비교 우위에 있다는 것을 확실하게 보여 주어야 합니다.

특히 학교별 수준 차이가 천차만별이기 때문에 서울대 지역균형전형이 내신 전교 1등과 수능 최저 충족은 단지 필요조건일 뿐입니다.

국어·영어·수학·사회·과학 전 과목 성적이 대부분 1등급대여야 지원이 가능할 것으로 보입니다. 그 속에서 비교과에서 확실한 차별적 경쟁력을 확보한 경우에만 합격이 가능하다고 생각하면 됩니다.

특목고나 자사고 심지어는 재수생까지도 거의 경쟁을 하지 않는다는 장점이 있습니다. 전교 1등인 학생은 대체로 내신이 1등급 초반(1.00~1.30)의 성적을 보입니다. 특목/자사고의 경우 치열한 경쟁으로 전교 1등이라 할지라도 1등급 후반에 머물러 있어 상대적으로 일반고가 절대적으로 유리합니다. 실제 지역균형전형으로 합격한 특목/자사고의 사례가 거의 없다는 것도 이를 반증합니다. 또한 N수생들은 수능 준비로 인해 3학년 2학기 성적 관리가 안 되어 있고, 이미 학생부 성적이 정해져 있기 때문에 경쟁에 참여하기 어렵습니다.

내신 초고수들을 주목하는 명문 대학들이 있다

최상위권 대학의 지역균형전형은 학생부교과전형입니다. 수시모집에서 지역균형전형이나 학교장추천전형으로 지원할 수 있는 전형은 다른 전형에 비해 경쟁률이 낮아 합격 가능성이 높습니다. 학교장의 추천이 있어야 지원할 수 있는 지역균형전형이나 학교장추천전형은 각 학교별로 추천 인원이 정해져 있기 때문에 우선 학교 내 경쟁에서 우위를 점해야 합니다.

학교 자체 규정에 따라 학교마다 어떤 학생을 추천할지를 정하므로 선발 기준을 미리 알고 있어야 합니다. 학교마다 최우수학생들 간의 경쟁이기 때문에 내신 이외 비교과활동이나 면접 능력까지 고려해 결정하는 학교도 있습니다. 물론 학교장추천전형에서 가장 중요한 것은 내신입니다. 그리고 대부분 수능최저학력기준을 적용하고 있기 때문

지역균형전형 전형 방법 예시

대학	전형명	전형 방법	추천 인원	수능최저 학력기준	지원 자격
경희대	지역균형	교과 56 + 출결 7 + 봉사 7 + 교과종합평가 30	제한 없음	2개합 5	재학생만
고려대	학교추천	교과 90 + 서류 10	12명	3개합 7	재학생만
서강대	지역균형	교과 100	20명	3개 각 3등급 이내	재학생만
서울시립대	지역균형	교과 90 + 교과정성평가 10	10명	3개합 7	재수생까지
성균관대	학교장추천	정량 80(공통·일반선택) + 정성 20(진로·전문교과)	15명	3개합 7	재학생만
연세대	추천형	교과 100	10명	인문: 2개합 4 자연: 2개합 5	재학생만
이화여대	고교추천	교과 100	20명	2개합 5	재수생까지
중앙대	지역균형	교과 90 + 출결 10	20명	3개합 7	재수생까지
한국외대	학교장추천	교과 100	10명	2개합 4	재수생까지
한양대	추천형	교과 90 + 교과정성평가 10	11%	3개합 7	재수생까지

주) 2026학년도 기준
※ 전형 방법, 수능최저학력기준 등이 바뀔 수 있으니 당해연도 모집 요강 확인 필요.

에 수능 경쟁력까지 확보해야 합니다. 지역균형전형은 예전에는 매우 제한된 인원이었으나 추천 인원이 매년 증가 추세에 있습니다.

지역인재전형으로 의대를 노려라

2025 대입부터 의약학계열을 중심으로 지역인재전형 선발이 크게 확대될 예정이고 이러한 추세는 계속될 것입니다. 기존 40%의 의무 선발 비율이 크게 증가하여 비수도권 학생들에게는 선호도 높은 의약학계열의 문이 매우 넓어졌습니다. 동아대, 부산대, 전남대 등 일부 대학에서는 80% 이상을 지역인재로 모집합니다. 지역인재전형은 대부분 일반전형에 비해 상대적으로 경쟁률과 합격선이 좀 더 낮은 편이어서 유리한 요인이 됩니다. 또한 지역인재전형의 대부분이 학생부교과전형으로 되어 있어, 내신 관리가 비교적 잘되어 있는 일반고 학생들이라면 적극적으로 노려 보는 편이 좋습니다.

지역인재전형은 교과전형 54%, 종합전형 24%, 논술 1%, 수능전형 21%(2025학년도 기준)로 구성되어 있습니다. 물론 수능최저학력기준에 따라 지원의 유불리가 많이 달라질 수 있으므로 이에 대한 대비가 필요합니다. 특히 지역인재전형의 경우 일반전형보다 대체적으로 수능최저학력기준이 낮게 적용되는 경우가 많으므로 일반전형보다 지원 시 유리한 편입니다. 다음 표는 지역인재전형 수능최저학력기준입니다.

지역인재전형 수능최저학력기준

수능최저학력기준	대학명
3개합 3	계명대
3개합 4	건국대글로컬, 경북대, 동국대(WISE), 부산대, 한림대
3개합 5	강원대, 건양대, 전남대
4개합 5	영남대
4개합 6	전북대, 을지대(대전)

주) 입시 요강을 확인하여 필수과목이수 요구, 탐구과목 수 등을 확인해야 함.

    지역인재전형은 비수도권 대학들이 지역 내 인재들의 이탈을 방지하기 위해 실시하고 있습니다. 지방대학 및 지역균형인재 육성에 관한 법률에 따라 지방대의 의학·약학·간호계열 대입 전형에서 지역인재를 40%(강원·제주 20%) 이상 선발하는 것이 의무화되었습니다. 그리고 2022학년도에 중학교에 입학한 학생들부터는 지방에 있는 중학교, 고등학교를 졸업해야 하고 중·고등학교 재학 기간 내에 학생과 그 학생의 부모가 모두 지방에 거주했을 때 지역인재전형에 지원할 수 있습니다. 이에 따라 지역인재전형은 지방 거주 학생의 의·약학계열에 진입할 수 있는 유효한 방법이 될 수 있습니다.

Q&A

지역균형전형과 지역인재전형의
차이점은 무엇인가요?

지역균형전형과 지역인재전형의 차이점 중 가장 혼동하는 것은 지원 조건입니다. 지역균형전형은 전국의 학생이 지원 가능하고, 지역인재전형은 비수도권 소재 학생들만 지원 가능합니다. 대개 내신 중심의 학교장추천전형 형태입니다.

지역균형전형과 지역인재전형의 차이

구분	지역균형전형		지역인재전형
대상 대학	서울대	수도권 소재 대학들	비수도권 소재 대학들
전형 유형	학생부종합전형	학생부교과전형	대학자율
전형 방법	학생부 + 면접	교과 성적 50% 이상 정량 반영	대학자율
지원 조건	학교당 2명	학교당 추천 인원	대학 소재 지역 출신
수능최저	3개 등급 합 7	대학 자체 기준	대학 자체 기준

148

일반고에서 수시 전략은
선택이 아닌 필수이다

내신을 바탕에 둔 수시를 노려라

특목고나 재수생들에 비해 유리한 수시를 최대한 활용하는 것이 좋습니다. 내신을 바탕으로 하는 전형이나 학교장의 추천을 받아서 원서를 제출하는 전형은 특목고나 재수생들에게는 기회가 거의 없습니다. 재학생 위주로 지원 자격이 부여되는 것이 일반적입니다.

재수생들 중에 내신을 토대로 수시를 지원하는 사람은 없습니다. 재수생들이 내신을 바탕으로 한 수시 전략을 세울 수 없는 이유는 3학년 2학기 내신 때문입니다. 고3 2학기에는 수능에 올인해야 하기 때문에 중간고사나 기말고사 성적을 관리할 수가 없습니다. 그런데 재수생들은 3학년 2학기 성적까지 포함하기 때문에 전체 내신은 상대적으로 떨어질 수밖에 없습니다. 더 나아가 N수생에게 자격을 부여하지 않는 경우도 많습니다.

최고의 스펙은 내신 상승 곡선입니다. 학생부교과전형은 내신으로 뽑는 전형입니다. 높은 내신과 수능최저학력기준 요건을 맞추면 거의 성공합니다. 따라서 고등학교 스펙 중 가장 중요한 것은 내신이라 할 수 있습니다. 특히 학생부종합전형에서도 내신의 비중이 상당히 중요한데 이때 주목하는 것이 내신 상승 곡선입니다. 학년이 올라가면서 어떠한 노력을 통해 성적 향상을 이루어 냈는지가 심사의 핵심 포인트이기 때문입니다.

수시 준비는 고1 때가 가장 중요하다

수시 준비는 단시간에 이루어지지 않습니다. 수시 실패의 가장 큰 이유는 미리 준비하지 못하기 때문입니다. 정시는 오히려 집중력과 목표의식을 가지면 단시간 내에 성과를 거두기도 합니다. 하지만 수시는 1년 정도 바짝 준비해서 성과를 거두기 힘듭니다. 물론 학년이 올라갈수록 더욱 힘들어집니다.

고1 때 수시를 준비하면 정시에도 도움이 됩니다. 수시는 일찍 준비할수록 유리합니다. 대학에서 공부할 자신의 전공을 고민하면서 그에 맞는 동아리활동이나 각종 활동들을 계획하는 것은 어렵지 않으니다. 또한 논술이나 구술은 비판적·통합적 사고를 요구하는데 이런 능력은 수능 직전에 준비한다고 해서 생기지 않습니다. 모든 것이 학교 수업시간에 답이 있습니다.

일반고가 특목/자사고에 비해 수시 준비가 유리한 측면이 있습니다. 특목/자사고는 일반고에 비해 수시 준비에 대한 지원 체계나 시스템이 상대적으로 잘되어 있습니다. 하지만 수시 준비의 경쟁도 치열하여 입시에 유리한 동아리활동이나 방과후활동, 직업체험활동 등에서 선택의 제약이 있을 수 있습니다. 하지만 일반고에서는 본인이 조금만 앞서 준비한다면 활동이 부각되고, 적극적인 학생들이 적기 때문에 기회를 선점하거나 유리한 고지에 먼저 설 수 있습니다.

수시도 수능 성적이 뒷받침되어야 한다

수시와 정시는 반드시 함께 준비해야 합니다. 수시와 정시 중 어느 쪽에 경쟁력을 더 가지고 있는가를 판단하여 그에 맞는 입시 전략을 짜는 것입니다. 수능의 경쟁력이 보장되면 다양한 선택이 가능합니다. 반대로 수능의 경쟁력이 보장되지 못하면 수시가 아무리 대세라도 명문대 진학은 힘듭니다. 최소한 각 대학의 수능최저학력기준을 맞출 수 있는 정도는 되어야 합니다.

일반고에서 수시가 선택이 아닌 필수라는 것은 대세입니다. 하지만 수시전형 자체에만 올인하거나 수능 성적을 반영하지 않은 수시 전략만을 고집하는 것은 극히 위험합니다. 특히 학생부종합전형과 논술전형은 결과의 불확실성에도 불구하고 비교과활동이나 논술 준비에 지나치게 시간과 노력을 쏟습니다. 그렇게 되면 학습 패턴이 망가지고 수능 성적에까지 영향을 끼쳐 정시마저도 실패하는 최악의 결과로 이어질 수 있습니다.

수시는 확실한 목표를 바탕으로 체계적으로 준비해야 성과를 발휘할 수 있습니다. 또한 수능 성적이 뒷받침되어야 안정적으로 힘을 발휘할 수 있습니다.

내신은 최고의 스펙이다

SKY는 정시에도 교과 평가를 한다

서울대가 일반전형과 지역균형전형에 학생부 평가(2023)를 하고 있고, 고려대 교과우수전형이 학생부를 반영(2024)합니다. 2026학년도에는 연세대가 학생부 정성평가를 반영합니다. 수능에서 킬러문제가 배제되어 변별력이 약화되고 2025학년도부터 고교학점제가 도입되어 고교별 수업 내용의 차별화가 커지며 대학에서는 수능만으로 학생을 뽑는 데 한계를 느끼고 있습니다. 학생부의 교과학습발달사항(교과이수현황, 교과학업성적, 교과 세부능력 및 특기사항)을 반영하여 학생의 학업 충실도와 교과성취도의 우수성을 평가하기 때문에 수업과 내신이 더욱 중요해졌습니다.

내신이 우수하면 수시에서 선택의 범위가 넓다

학생부교과전형은 안전성이 있습니다. 수시전형 중에서 합격 가능성을 가장 정확하게 예측할 수 있는 것이 학생부교과전형입니다. 최근 최상위권 대학도 학생을 선발할 때 내신을 가장 중요한 기준으로 삼고 있습니다. 높은 내신과 수능최저학력기준을 맞추면 최상위권 대학 진학도 가능합니다. 문과 1.5 이내, 이과 1.7의 내신이면 교과전형도 적극 고려해 볼 만합니다.

학생부종합전형에서도 가장 비중 있는 스펙은 내신입니다. 특히 내신의 꾸준한 상승은 입학사정관으로부터 높은 평가를 받습니다. 지방 국립대를 비롯한 대부분의 지방대는 학생부교과전형이 대세입니다. 무엇보다도 지방 소재 고등학교나 일반고 학생이 명문 대학에 진학하는 최고의 필수 조건이 내신입니다.

내신 관리는 선택과 집중이 핵심이다

수시의 학생부 교과 반영 방법이 다르다

고등학교 3학년이 될 때까지 대학입시에서 어떤 과목이 내신에 반영되고 어떤 과목이 반영되지 않는지조차 모르는 학생이 의외로 많습니다. 전 학년, 전 과목 성적이 최고이면 더할 나위 없겠지만 단 몇 점

차이로도 등급이 나뉘는 상황에서 내신 관리는 선택과 집중이 필요합니다. 본인이 목표로 하는 학교가 교과(내신)를 어떻게 반영하는지 알면 내신 관리가 그만큼 수월해집니다.

학년별 내신 관리 요령을 알아야 한다

고1 때는 공통 과목에 집중하고 고2부터는 특히 전략 과목을 선택하여 그 과목만큼은 최고의 성적을 받는 것도 하나의 전략입니다. 당연한 이야기지만 이과의 경우는 수학 과목이나 과학 과목에 상대적으로 많은 노력을 기울여야 합니다.

수시 모집 학생부 반영 교과

대학	전형명	모집 단위	반영 교과	반영 학기
경희대	지역균형	인문, 자연	인문: 국, 수, 영, 사, 한 자연: 국, 수, 영, 과	재학생만
고려대	학교추천	인문, 자연	전 과목	5학기
서강대	지역균형	인문, 자연	전 과목	4학기
서울대	지역균형	인문, 자연	전 교과	5학기
성균관대	학교장추천	인문, 자연	전 교과	5학기
연세대	추천형	인문, 자연	국, 수, 영, 사, 과 전 과목, 진로선택 상위 3과목	-
이화여대	고교추천	인문, 자연	국, 수, 영, 사, 과, 한	5학기
중앙대	지역균형	인문, 자연	국, 수, 영, 사, 과	3학기
한양대	추천형	인문, 자연	국, 수, 영, 사, 과, 한	5학기

주) 2025학년도 기준

앞 페이지의 표는 수시 모집 학생부 교과 반영 방법을 나타낸 것입니다. 수시에서 서울대, 연세대, 서강대, 성균관대 등은 전 교과를 반영합니다. 이외의 대학은 수시에서도 주요 교과만 반영합니다. 반면에 정시에서는 서울대를 제외한 대부분의 대학에서는 수능 응시 전 과목 반영에서 과목별로 부분 반영하는 경우도 있습니다. 1학년부터 국·영·수인지 국·영·수·탐 혹은 전 과목인지 과목별 반영 방법을 알고 있으면 내신 관리 요령이나 능력을 높일 수 있습니다.

내신이 출발점이다

일반고에서는 내신을 꼭 챙겨 놓아야 합니다. 대학입시 전략에서 출발점은 내신입니다. 일반고의 가장 강점인 내신은 확실히 챙겨야 합니다. 일반고 학생의 수시 전략은 내신을 바탕으로 해야 합니다. 내신에서 흔들리면 답이 없습니다.

모든 학습은 학교 수업을 중심으로 해야 합니다. 우수한 내신도 결국 수업시간에 나옵니다. 학교 수업을 완벽하게 이해할 수 있도록 수업시간에 집중해서 내신을 관리해야 합니다. 학교 시험은 수업시간에 가르친 내용과 범위 내에서 출제됩니다. 특히 수행평가의 비중이 높아지고 있습니다. 적극적인 수업 참여는 당연히 수행평가 점수에도 도움이 됩니다.

잘 준비된 내신은 대학 진학의 큰 버팀목입니다. 대학입시에서 수시 비중이 점점 늘어나는 현실에서 내신은 아무리 강조해도 지나치지 않습니다. 대학이 전공 능력과 잠재력이 뛰어난 학생들을 선발한다고 하지만 고교 전 과정에 거쳐 착실하게 공부해 온 학생을 우선적으로 선발하려 하기 때문입니다. 내신은 모든 수시전형의 토대가 되며 정시에서 뒷심을 발휘하기도 합니다.

내신으로만 대학 가겠다는 전략은 실패한다

일단 서울권 대학은 내신으로만 뽑는 인원이 거의 없습니다. 자칫 실패하면 대책이 없습니다. 결국 자신의 점수나 실력보다 2~3단계 하향 지원해야 합니다. 특히 학생부교과전형도 내신만으로 갈 수 있는 것이 아니라 대부분 수능최저학력기준이 적용되기 때문에 수능 준비를 함께 해야 합니다. 또한 불과 몇 년 전에는 내신+수능최저 적용이었다면, 지금은 교과정량평가+교과정성평가+수능최저+면접까지 다양합니다.

좋은 내신은 수시전형에서 가장 중요한 요소이지만 단지 내신만으로는 합격이 보장되지 않습니다. 학년이 올라갈수록 수능 준비의 어려움 때문에 내신으로만 대학을 준비하려는 학생이 늘어나고 있습니다. 하지만 내신으로만 대학을 가겠다는 전략은 대개 실패로 귀결됩니다.

내신과 수능을 연계하라

내신과 수능, 두 마리 토끼를 잡아라

내신을 수능의 토대로 삼아라

내신을 수능을 위한 심화학습의 계기로 삼아야 합니다. 학교 수업과 내신의 성실한 준비는 수능에서 큰 힘이 됩니다. 항상 내신 준비를 하며 수능을 깊이 있게 준비한다고 생각해야 합니다. 각 학교가 부교재로 EBS 교재를 채택하고 모의고사를 중간·기말 시험에 포함하는 것처럼 내신과 수능 준비를 따로 떼어 놓고 생각해서는 안 됩니다.

내신 공부와 수능 공부는 별개가 아니다

수능에 포함되는 내신 과목은 수능 준비를 위한 심화학습이라고 생각해야 합니다. 그 범위만큼은 수능 전까지 다시 볼 필요가 없을 정도로 꼼꼼하게 준비하는 것입니다. 그러면 수능 때문에 내신을 잘 볼 수 있고 내신을 제대로 준비한 덕분에 수능 공부까지 할 수 있습니다. 간혹 수능과 내신이 완전 별개라고 생각하는 학생이 있는데 매우 잘못된 것입니다. 물론 성격이 많이 다른 시험이긴 하지만 똑같은 내용입니다. 내신과 수능의 상관관계만 잘 활용해도 공부를 효율적으로 할 수 있습니다.

대부분의 학교가 학교 시험 자체를 수능 유형으로 출제한다

요즘은 대부분의 학교에서 주 교재로 EBS 교재를 사용합니다. 즉 학교 수업과 시험 자체가 수능 준비인 셈입니다. 더군다나 시험 유형까지도 수능 유형으로 출제하고 있기 때문에 학교 시험과 수능 준비를 별개로 생각하면 안 됩니다. 학교 내신이 우수한 학생이 수능 준비도 체계적으로 준비하는 것이라고 생각해야 합니다.

중심은 항상 수능에 둔다

수능에 매진하면 선택이 쉽다

수능이 강하면 대학입시 준비가 안정적입니다. 설사 내신이 부족하더라도 남들이 지원을 꺼려하는 수능최저학력기준이 높은 대학에 지원한다면 높은 경쟁력을 확보할 수 있습니다. 다른 수시전형도 마찬가지입니다. 또한 정시까지 내다볼 수 있어 안정적인 입시 준비가 가능합니다.

수능을 토대로 자신에게 맞는 전략을 세워야 합니다. 항상 수능에 중심을 두어야 합니다. 학교 공부 역시 수능과 연계시키도록 합니다. 수능 성적이 좋으면 수시 선택의 폭이 넓어집니다. 정시에서도 수능의 비중이 절대적이기 때문에 수능 성적만으로 대학 진학이 가능합니다.

수능과 내신을 모두 잡아야 승리한다

수능과 내신 모두가 필수이다

수능만 준비한다거나 내신만 준비하는 것은 부분만 준비하는 꼴이며 실패로 귀결될 가능성이 큽니다. 수시만을 고집하면 위험성이 큽니다. 수시에 올인하는 학생이 많은데 실패했을 때는 대책이 없습니다. 정시에도 실패할 가능성이 높습니다. 학생부종합전형이나 논술전형은 높은 경쟁률과 대학 측이 전형 과정이나 근거를 제시하지 않기 때문에 매우 불안정합니다.

내신만으로 대학 가기는 하늘의 별따기입니다. 내신은 다른 전형 요소, 예컨대 비교과, 논술, 수능 등과 결합되었을 때 큰 힘을 발휘합니다. 그렇지만 오직 내신만으로 대학에 가려는 전략은 대부분 실패로 귀결됩니다. 충실한 학교 수업을 토대로 내신을 확보하고 전략에 맞는 다른 전형 요소를 결합하도록 해야 합니다.

　수능과 내신 어느 하나도 소홀히 여길 수 없습니다. 학교 수업에 충실하고 내신 준비를 철저히 하는 것이 곧 최고의 수능 준비가 됩니다. 수능 고득점은 학교 공부나 비교과활동에 집중할 수 있는 바탕이 됩니다. 즉 수능과 내신은 별도로 준비하는 것이 아니라 상호 보완적으로 함께 준비해 나가야 합니다. 수능과 내신 두 마리 토끼를 잡아야 승리합니다.

수능최저학력기준을 알면 대학입시가 쉽다

대학입시 전략에서 항상 '수능'을 중심에 두어야 한다고 강조하는 이유 중 하나가 수능최저학력기준 때문입니다. 수능최저학력기준이란 각 대학이 일정한 학력 수준 이상이 되어야 한다고 설정한 수학능력시험 등급 기준을 말합니다. 학생부교과전형, 학생부종합전형, 논술전형 등의 수시 선발과정에서 수능 특정 영역의 일정한 등급 이상을 요구하는 것입니다.

수시에 합격했다 하더라도 대학에서 제시한 일정 수준의 수능 등급을 얻어야 최종 합격을 할 수 있는 기준이 됩니다. 즉 수시 모집에서 해당 전형에 수능최저학력기준이 포함되어 있다면 모든 조건을 충족하고 우수한 평가를 받았다 하더라도 수능 성적이 그 기준에 미달되

수시 수능최저학력기준 예시

구분	대학(전형명)	수능최저학력기준	수능최저학력 미적용
학생부 종합전형	서울대, 한양대(추천형)	3개합 7	건국대, 경희대, 동국대, 서강대, 서울시립대, 성균관대, 숙명여대, 인하대, 중앙대, 한국외대, 한양대 (서류형, 면접형)
	연세대(활동우수형)	인문(2개합 4), 자연(2개합 5)	
	고려대(학업우수)	4개합 8	
	이화여대 (미래인재-서류형)	2개합 5	
	홍익대	3개합 8	
학생부 교과전형	고려대(학교추천), 성균관대, 중앙대, 한양대	3개합 7	건국대, 동국대
	서강대	3개 각 3등급 이내	
	서울시립대, 홍익대	3개합 8	
	연세대(추천형)	인문: 2개합 4, 자연: 2개합 5	
	한국외대	2개합 4	
	경희대, 이화여대	2개합 5	
	국민대	2개합 6	
논술전형	고려대	4개합 8	연세대, 단국대, 서울시립대
	성균관대, 중앙대	3개합 6	
	서강대, 한양대	3개합 7	
	경희대 건국대, 동국대, 이화여대, 숙명여대	2개합 5	
	한국외대	2개합 4	
	홍익대	3개합 8	

주) 2026학년도 기준
※ 수능최저학력기준은 같은 대학이라도 계열마다 다를 수 있고 매년 변동이 있으므로
   모집 요강을 직접 확인해야 함.

면 탈락합니다.

　예를 들어 수시에서 학생부 100%로 선발하고, 수능최저학력기준을 수능 3개 영역 중 2개 영역 이상 2등급이라고 지정했다면, 학생부 성적을 통해 조건부 합격자가 되어도 최종 수능 성적이 수능최저학력기준을 충족하지 못하면 불합격하게 됩니다. 수능최저학력기준은 말 그대로 기준일 뿐이어서 높은 점수로 통과했다고 해서 별도의 가산점이 주어지는 것은 아닙니다. 대체로 상위권 대학이나 의학계열로 갈수록 수능최저학력기준이 높기 때문에 모의고사 성적을 토대로 수능 학습 계획이나 수시 전략을 수립해야 합니다.

수능최저학력기준이 완화되었지만 적용 대학은 증가했다

　앞의 표를 보면 2025학년도 대입에서 연세대와 한양대가 학생부교과추천형전형에서 수능최저학력기준을 미적용하던 것을 적용으로 변경하는 등 서울 소재 대학 지역균형전형에서 수능최저학력기준을 활용하는 대학이 증가했습니다.

　학생부종합전형의 경우 수능최저학력기준을 적용하지 않는 비율이 높지만, 학생들의 선호도가 높은 의약학계열, 서울대 지역균형, 고려대 학업우수형, 연세대 활동우수형·국제형, 이화여대 미래인재, 홍익대 학교생활우수자 전형은 수능최저학력기준을 적용하고 있습니다.

　반대로 학생부교과전형은 이화여대, 건국대, 동국대 등 몇 개 대학을 제외하고 대부분 수능최저학력기준을 적용합니다. 고교 간 격차에 따른 교과 성적을 보완하기 위한 조치입니다. 교과전형으로 지원 전략을 세울 때는 성적보다는 오히려 수능최저학력기준을 넘기는 것에 중점을 두어야 합니다. 교과전형을 준비하는 대부분의 지원자가 상대적으로 수능에서 경쟁력이 떨어지기 때문에 교과전형에 지원하기 전에 가장 먼저 고려하여야 할 첫 번째 조건은 수능최저학력기준을 충족할 수 있는지 여부입니다.

논술전형도 수능최저학력기준이 완화되는 추세이지만 수능최저학력기준 적용 비율이 높고 영향력도 큽니다. 수능 성적이 우수할수록 대학 선택 범위가 넓어지므로 논술전형에 지원하기 위해서는 전략적으로 수능을 준비해야 합니다. 반대로 수능최저학력기준 미적용의 경우 상상을 초월하는 경쟁률과 시험의 어려움으로 대부분 일반고 출신들은 들러리라고 생각하면 됩니다.

연세대가 논술전형에서 수능최저학력기준을 폐지한 이유가 일반고나 지방고 출신들을 배려하기 위한 것이 아니라 과거에 특기자전형으로 선발했던 과학고, 영재고, N수생 출신들의 길을 마련해 준 것이라고 보면 됩니다.

수능최저학력기준은 실질 경쟁률을 낮춘다

수능 성적의 확보는 정시뿐 아니라 수시에서 큰 위력을 발휘합니다. 학생부교과전형, 논술전형, 학생부종합전형 등에서 실질 경쟁률을 매우 낮추어 줍니다. 수능최저학력기준과 관련하여 가장 중요한 것은 수능최저학력 적용, 미적용 여부에 따라 경쟁률이 매우 크게 차이가 난다는 점입니다. 대학마다 차이가 있지만 대학이 설정한 최저학력기준을 충족하는 비율이 50%가 채 되지 않는 경우가 많습니다. 심지어는 실질 경쟁률이 1/10 이상으로 줄어드는 경우도 있습니다.

수능최저학력기준은 학생부교과전형, 논술전형에서 주로 적용되며 학생부종합전형에서는 줄어드는 추세입니다. 또한 수능최저학력기준은 같은 대학이라도 계열마다 다를 수 있고 매년 변동이 있으므로 모집 요강을 직접 확인해야 합니다.

수능최저학력기준을 고려하여 입시 전략을 세워라

학습 계획이나 수시 모집 지원 계획을 세울 때 수능최저학력기준을 알고 있으면 매우 유리합니다. 우선 모의고사 성적을 토대로 수능 학습 계획을 효율적으로 세울 수 있습니다. 자신의 특성을 고려하여 전략 과목을 수정하거나 과목별 학습 계획을 조정하기도 합니다.

예를 들어 어떠한 전형에서 수능최저학력기준이 3개 영역 각각 2등급 이상이라고 했을 때 자신의 평소 실력이 2개 영역에서 1등급씩 받고 2개 영역은 3등급 정도라면 이 학생은 다른 요소에서 아무리 뛰어나도 불합격됩니다. 이 경우 학습 전략을 바꾸어 3등급 받는 과목에 좀 더 집중하거나 아예 3개 영역 합이 5등급인 전형으로 바꾸는 것이 더 효과적일 수 있습니다. 평소 자신의 모의고사 성적을 기준으로 목표 대학 수능최저학력기준의 과목별 학습 방법과 비중 등을 조정하며 학습 전략을 세워야 합니다.

이제는 수능최저학력기준은 수시에서 보다 많은 기회를 제공할 것입니다. 수능최저학력기준 적용 전형을 피할 것이 아니라 오히려 적극적으로 준비해야 입시에 성공할 것입니다.

특목고, 기숙학원을 벤치마킹하라

몰입 환경을 만들어라

몰입 환경을 자기주도적으로 만들어야 합니다. 특목고나 기숙학원 등은 공부할 수 있는 환경이 조성되어 있습니다. 긴장감, 경쟁심, 우수한 교육 환경 등이 자연스럽게 형성되어 있습니다. 이러한 환경에서는 어렵지 않게 면학 분위기에 동화될 수 있습니다.

일반고에서의 교육 환경은 확실히 다릅니다. 스스로 몰입 환경을 만들고 몰입 능력을 키워야 합니다. 동기를 부여하고 만족감을 느끼도록 합니다. 자신이 해야 할 일에 능동적으로 몰입하면 즐거움이 따른다는 것을 경험한다면 삶에 커다란 변화가 일어날 수 있습니다.

풀리지 않는 문제를 포기하지 않고 끝까지 생각하며 스스로 해결하려는 자세가 필요합니다. 공부 중에 이해되지 않거나 풀리지 않은 내용을 꼼꼼히 생각하는 시간을 가지려고 노력하면 생각하는 힘이 생기고 놀라운 결과를 얻을 수 있습니다.

새는 시간을 관리하라

시간 관리가 우선입니다. 대학입시 수험생들에게 똑같은 시간이 부여된 것 같지만 실상 그렇지가 않습니다. 일단 기숙사 학교를 선택한 학생과 그렇지 않은 학생은 하루 2시간 이상 가용시간이 차이 납니다. 같은 일반고 학생이라도 개별적으로 시간 활용 방법이 다릅니다.

낭비되는 시간을 명상으로 바꾸고 시간 관리를 방해하는 요소들을 제거합니다. 스마트폰, 온라인 게임, 인터넷, TV 등으로 자신이 해야 할 일에 어느 정도 시간을 빼앗기고 있는가를 체크합니다. 하루 시작이나 공부 시작 전에 '오늘 하루를 어떻게 보낼까?', '어떤 계획과 마음을 가지고 할까?'에 대해 5~10분 정도 생각해 보세요.

또한 자투리 시간을 활용합니다. 일반고 학생들은 특목고나 기숙학원 학생들보다 시간이 절대적으로 부족합니다. 이를 극복할 수 있는 방법은 자투리 시간을 효율적으로 활용하는 것입니다. 자투리 시간에 더 집중이 잘되는 과목들이 있습니다.

시스템으로 극복하라

학생의 마음가짐이 가장 중요하지만 학생 혼자의 노력만으로는 한계가 있습니다. 이는 시스템으로 극복해야 합니다. 가장 쉬운 방법은 학교의 지원을 받는 것입니다. 특목고나 자사고는 우수한 지원 시스템을 갖추고 대학입시 맞춤 체계로 지원을 합니다. 일반고의 경우 최상위권 학생들은 학교 차원에서 특별 관리와 지원을 하기 때문에 오히려 유리할 수 있습니다. 즉 일반고에서 우수한 학생은 특목고나 자사고에 비해 동아리활동이나 학술활동, 학생회활동 등에서 상대적으로 두각을 나타낼 수 있습니다. 스펙을 쌓기에 유리한 측면을 최대한 활용할 수 있습니다.

그다음 방법은 우수한 스터디 그룹을 만드는 것입니다. 일반고의 우수한 학생들 그룹은 특목고나 재수생 못지않은 실력과 열정을 가지고 있습니다. 서로 경쟁도 하고 협력도 할 수 있는 우수한 스터디 그룹을 만들어 구성원 모두의 수준을 높여야 합니다.

특목고생과 재수생을 경쟁자로 여겨라

강력한 경쟁자는 눈앞에 보이지 않습니다. 보통 수능 성적은 고3의 3월 모의고사 성적을 넘을 수 없다는 이야기를 많이 합니다. 실제로 많은 통계가 신빙성을 더합니다. 설상가상으로 3월 모의고사에는 최고의 경쟁자라 할 수 있는 재수생은 포함되어 있지 않습니다. 해마다 1/3 정도의 재수생이 있고 그들은 재학생들의 명문대 진학에 가장 큰 경쟁자가 됩니다.

재학생들은 내신 준비, 학교행사, 수행평가, 논술, 수능 등 모든 것을 준비하지만, 재수생들은 목표를 단순화하고 논술과 수능 2가지 혹은 수능에만 올인합니다.

재수생이 강세인 이유가 있습니다. 재수생들은 모든 과정을 경험해 보았다는 점에서 유리합니다. 또한 수능을 경험해 보아서 실패 요인을 압니다. 그래서 불필요하게 낭비되는 시간 없이 안정적으로 계획을 세우고 수능에 매진합니다.

CHAPTER 6

나에게 맞는
입시 전형

대입 전형 이해 &
적합한 전형 찾기

입시 전형 구분과 선발 방식 이해하기

대학입시 전형은 크게 수시 모집과 정시 모집으로 나뉩니다. 수시 모집은 크게 4가지 전형으로 분류합니다. 학생부교과전형, 학생부종합전형, 논술위주전형, 실기위주전형입니다. 수시는 6개까지 지원할 수 있고 정시는 가, 나, 다군 각각 하나씩 3개까지만 지원 가능합니다. 단, 특별법에 의해 설립된 대학인 KAIST(한국과학기술원), GIST(광주과학기술원), DGIST(대구경북과학기술원), UNIST(울산과학기술원), 경찰대, 육군·해군·공군 사관학교, 한국예술종합학교 등이나 산업대학, 전문대학은 수시 6개 지원 제한에 해당하지 않고 추가로 지원할 수 있습니다. 다만 산업대학이나 전문대학은 수시 모집에 합격하면 정시 모집에 지원할 수 없으나 앞의 특별법에 의해 설립된 대학들은 수시 모집에 합격하더라도 정시 모집 지원이 가능합니다.

대입입시 전형별 선발 비율(2025학년도 기준)

구분	전형 유형		모집 비율(%)		주요 전형 요소
			전국	주요 대학	
수시 모집	학생부	교과	45.3	11.0	교과 중심
		종합	23.1	33.8	비교과, 교과, 면접 등
	논술위주		3.3	8.7	논술 등
	실기위주, 기타		7.9	5.1	실기 등(특기 등 증빙 자료 활용 가능)
정시 모집	수능위주		18.7	39.9	수능 등
	실기위주		1.7	1.6	실기 등(특기 등 증빙 자료 활용 가능)
계			100.0	100.0	

출처: 교육부, 2025학년도 대학입학전형시행계획
주) 주요 대학: 서울지역 상위권 13개 대학(건국대, 경희대, 고려대, 동국대, 서강대, 서울대, 서울시립대, 성균관대, 연세대, 이화여대, 중앙대, 한국외대, 한양대)

위의 표는 대입 전형 유형과 전형 요소에 따른 모집 비율을 나타낸 것입니다. 모든 전형을 통틀어 학생부교과전형이 전국적으로 45.3%로 가장 큰 비중을 차지하고 있지만 서울 소재 주요 대학을 기준으로 보면 학생부종합전형(33.8%)과 수능위주전형(39.9%)이 상당히 큰 비중임을 알 수 있습니다. 지방 국·공립대의 경우 학생부교과전형으로 선발하는 비율이 높고, 서울·수도권 주요 대학의 경우 학생부종합전형과 수능 위주의 선발 비율이 상대적으로 높은 추세인데 대학입시의 축이 수도권을 중심으로 이루어지기 때문에 그만큼 비중이 크다고 할 수 있습니다.

입시 전략을 수립할 때는 전형 유형에 따른 전형 요소의 중요도를 정확하게 인지하고 준비하여야 합니다. 아래 표는 전형 방법에 따른 전형 요소의 중요도를 나타낸 것입니다. 모든 전형에 교과와 수능 준비가 밑바탕이 되어야 함을 보여 주고 있습니다.

전형 방법에 따른 전형 요소의 상대적 중요도

모집 시기	전형 요소 / 전형 방법		서류		논술	면접	수능최저 학력기준
			교과	비교과			
수시 모집	학생부	교과	★★★★★	☆			★★★
		종합	★★★★	★★★		★★	★★
	논술		★		★★★★★		
	실기(특기)		☆	★★★★★		★★	
정시 모집	수능		★				★★★★

자신에게 가장 유리한 전형 찾기

자신의 강점을 살리는 전형을 찾아야 한다

입시는 특별한 전형에 올인하는 경우 실패할 확률이 큽니다. 하지만 내신과 수능을 토대로 본인에게 가장 유리한 전형을 중심으로 집중하는 것은 좋은 전략입니다. 수능, 내신, 비교과, 논술 등의 전형 요소 중에 자신에게 유리한 전형 요소를 분석하고 어느 것에 집중할 것인지, 어떤 전형으로 준비하는 것이 가장 적합할 것인가 분석해야 합니다.

내신은 최강인데 수능이 자신 없는 경우

일단 수시를 적극적으로 공략해야 합니다. 실제로 내신이 문과 1.7, 이과 1.9 정도 이내여야 인서울이 가능합니다. 1.3 이내이거나 1.0에 가까울 경우 수능이 어느 정도만 뒷받침해 준다면 최상위권 대학도 노려 볼 수 있습니다. 또한 학생부 관리와 비교과 준비가 매우 쉬워졌기 때문에 교과 세부능력 및 특기사항(약칭 교과세특)을 중심으로 관리해야 합니다. 중요한 것은 절대로 수능을 포기하는 전략을 선택하면 안 된다는 것입니다. 학생부교과전형만 생각할 것이 아니라 학생부종합전형과 수능최저학력기준을 맞추려고 노력할 경우 안정적으로 진학이 가능합니다.

내신이 비교적 좋은 경우

내신이 2.0에 가까운 경우는 학생부종합전형을 적극 공략해야 합니다. 특히 내신이 상승 곡선의 형태를 띨 때 유리합니다. 교과세특을 좀 더 적극적으로 공략하며 비교과 관리에도 힘써야 합니다. 다만 비교과에 올인하는 것은 가장 위험할 수도 있습니다. 가장 예측불허의 결과가 나오는 영역이기 때문입니다. 고1부터 체계적인 관리를 통해 비교과를 장기적으로 준비하는 것이 최선의 방식입니다.

논술이 강한 경우

논술 정원이 약간 줄어들긴 했어도 서울 상위권 대학의 경우 여전히 논술전형으로 뽑는 비중이 상당히 높습니다. 논술전형에 자신이 있는 경우, 고1 때부터 체계적인 준비가 필요합니다. 특히 수리·과학 논술의 경우 수능최저학력기준이 없는 경우도 있어 심화학습이 이루어져 있으면 자연스럽게 준비가 가능하고 최상위권 대학 진학의 유력한 방도입니다. 내신과 수능최저를 고려해 목표 대학을 정하고 해당 대학 논술 유형에 맞게 준비하는 것이 중요합니다. N수생(반수생이나 재수, 삼수 이상)은 논술과 수능 2가지 준비를 하는 것이 일반적입니다.

수능이 내신, 비교과, 논술 등 다른 영역보다 좋은 경우

정시를 적극 공략해야 합니다. 수시는 내신, 비교과, 논술 등에서 자신에게 유리한 영역을 골라 가볍게 지원하고 수능 준비에 최선을 다해야 합니다. 수시 준비로 인해 많은 에너지를 쓰는 다른 사람들보다 집중력이 높아 수능에서 상대적으로 유리할 수 있습니다. 다만 강력한 경쟁자인 특목고나 N수생들과의 경쟁을 각오해야 합니다.

대학과 전공 분야 결정하기

저학년 때 목표 대학을 설정하면 동기부여가 됩니다. 학교 선택이 먼저인가? 학과 선택이 먼저인가? 저학년 때는 목표 대학 설정이 우선입니다. 목표 대학을 설정할 때 중요한 것은 너무 현실적이거나 낮추어 잡지 않는 것입니다. 목표를 크게 하면 결과가 달라집니다. 가고 싶은 대학, 최선을 다하면 가능할 것 같은 대학으로 설정하는 것이 좋습니다.

전공학과가 일찍 결정되면 유리하다

전공학과를 일찍 정하면 여러 가지로 유리합니다. 특히 학생부종합전형에서 뚜렷한 목표가 생겨 일관성 있는 과목 선택과 비교과 준비가 가능합니다. 전공학과 선택을 하지 못했다면 유연한 생각을 가지는 것도 좋습니다. 요즘 대부분의 대학이 복수 전공, 이중 전공 등의 제도가 있고 전과도 가능합니다.

모의고사로 자신의 위치를 파악하라

모의고사 성적으로 전략을 점검합니다. 과목별 등급, 표준점수, 백

분위 등으로 자신의 위치와 수준을 먼저 확인합니다. 모의고사 성적으로 자신의 위치를 파악할 때는 지금까지의 성적 중 낮은 것을 자신의 성적으로 생각해야 합니다. 성적의 기복이 심한 과목의 경우는 더욱 그러합니다.

입시 전략은 모의고사 성적으로 시작하라

입시 전략은 항상 모의고사를 중심에 두고 수립해야 합니다. 평소 모의고사 성적을 토대로 온라인 상에서 모의 지원을 해 보세요. 동시에 지원하고자 하는 대학의 요강을 꼼꼼하게 챙긴다면 다른 학생들보다 경쟁력 있는 입시 전략을 수립할 수 있습니다.

과목별 전략을 수립하라

수시와 정시, 수능최저학력기준 등을 고려하여 과목별 전략을 수립합니다. 전략 과목과 실제 시험에서 하락 가능성이 있는 과목, 꾸준하게 관리해야 할 과목 등을 세분화하여 계획을 세웁니다.

자신의 내신을 분석하라

내신 변화 추이에 관심을 가져야 합니다. 내신 곡선의 종류에는 항상 최고의 성적을 유지하는 형태(—SKY형), 성적이 꾸준히 상승하는 형태(／상승형), 성적이 상승과 하락을 반복하는 형태(W형), 성적이 하락 후 상승하는 형태(V형), 성적이 상승 후 하락하는 형태(A형), 성적이 계속 하락하는 형태(＼하락형) 등이 있습니다. 자신이 어떤 내신 곡선을 가지고 있는지 파악해야 합니다.

내신 상승 곡선을 만들어라

저학년 때 성적이 좀 낮더라도 학년이 올라가면서 성적이 상승하면 됩니다. 학년별 내신 반영 비율도 학년이 높을수록 비중이 큽니다 (2025 고교학점제가 전면 시행되면 학년별 내신 반영 비율이 일정해질 것이라 예상됨). 또한 학생부종합전형에서는 내신의 상승 곡선이 좋은 스펙이 될 수 있습니다.

V형 곡선은 스토리가 중요하다

학생부종합전형에서 내신이 하락 후 상승하는 형태(V형)는 스토리가 중요합니다. 입학사정관들이 주목해 보는 부분입니다. 왜 성적이 떨어졌는지, 어떠한 노력을 기울여 다시 성적의 상승을 가져왔는지 정리해 둡니다. 면접 때 결정적인 역할을 할 수 있습니다.

목표 대학의 모집 요강을 주목하라

목표 대학의 입시 요강을 완전히 이해해야 합니다. 각 대학의 신입생 선발에 대한 모든 것은 입시 요강에 나와 있습니다. 수시가 유리한지, 정시가 유리한지 현재 내 점수와 비교과활동 등에 가장 적합한 전형이 무엇인지, 각 전형의 반영 방법은 구체적으로 어떤지, 혹시 특기자전형, 고른기회전형, 사회배려자전형 등의 자격 조건에 해당되지는 않는지 등 모든 입시 전략의 핵심은 입시 요강에 다 들어 있습니다.

우선 수능최저학력기준을 체크합니다. 수시전형 준비에서 수능최저학력기준은 매우 중요한 비중을 차지합니다. 목표 대학의 전형별 수능최저학력기준을 알고 있어야 전략 수립이 가능합니다.

수능 과목별, 학년별 반영 비율과 가중치를 체크합니다. 목표로 하는 대학의 수능이나 학생부 과목별, 학년별 반영 비율과 자신의 강약을 비교하여 전략을 수립합니다. 똑같아 보이는 점수여도 어떤 학생은 합격하고, 어떤 학생은 떨어지기도 합니다. 대학에 따라서 반영 과목, 반영 방법, 비율, 가중치가 다르기 때문입니다. 수능과 학생부의 반영 비율과 실질 반영 비율을 파악하세요. 대학이 발표하는 전형별 반영 비율과 실질 반영 비율에는 커다란 차이가 있습니다. 또한 학교마다 반영 방식이 다르고, 매년 바뀌기도 합니다.

Q&A

입시 정보는
언제부터 알아봐야 하나요?

학교 홈페이지 방문이나 입시 정보 검색을 습관화하라

최소한 대입정보포털 '어디가' 한 곳만이라도 수시로 확인해야 합니다. 입시 정보와 전략은 시험 준비보다 더 중요할 수 있습니다. 입시 정보와 전략 수립은 투자 시간 대비 엄청난 효과가 있습니다. 공부의 방향을 잡아 주고 중요한 결정을 하는 데 올바른 판단을 할 수 있도록 해 주며 많은 시간을 절약할 수 있습니다.

입시 정보에 일찍 눈을 뜨세요. 당사자인 고등학생들도 정보에 너무 무지합니다. 대개 수능이 끝나고 대학을 진학한 후에야 비교적 정확하게 파악합니다. 게임이 끝나고 게임룰을 아는 것과 같은 이치입니다. 중학교 때부터 대학 입시 정보를 보는 습관을 들여야 합니다. 입시 용어를 이해하고 입시 준비 방향을 설정한 학생은 고등학교생활이 확연히 달라집니다. 각 대학 홈페이지나 대입정보포털 '어디가'(www.adiga.kr)에서 많은 정보 검색이 가능합니다.

학생부교과전형으로 대학 가기

학생부교과전형의 이해

학생부교과전형은 수시 모집의 여러 전형 중에서 학생부 교과 성적의 비중이 높은 전형을 통칭합니다. 즉 흔히 말하는 내신 성적 위주의 전형입니다. 하지만 정확하게 알아야 할 것은 학생부교과전형은 교과 성적 '위주'의 전형이지 교과 성적'만'으로 학생을 선발하는 전형이 결코 아니라는 것입니다. 물론 교과 성적만으로 선발하는 학교도 있지만 서울 소재 대다수의 대학은 교과 성적 외에 수능최저등급, 면접, 학생부 비교과 등의 추가적인 전형 요소와 병행하여 학생을 선발합니다.

수도권의 대부분 대학은 학생부교과전형으로 지역균형전형을 운

지역균형전형 전형 방법

대학	전형명	모집 인원	전형 방법	추천 인원	수능 최저	지원 자격
건국대	KU지역균형	428	교과정량 70 + 교과정성 30	제한 없음	×	제한 없음
경희대	지역균형	562	교과 56 + 출결 7 + 봉사 7 + 교과종합평가 30	제한 없음	o	재학생
고려대	학교추천	653	교과 90 + 서류 10	12명	o	재학생
동국대	학교장추천	403	교과 70 + 서류 30	8명	×	제한 없음
서강대	지역균형	178	교과 100	20명	o	재학생
서울대			학생종합전형으로 선발			
서울 시립대	지역균형	236	교과 90 + 교과정성평가 10	10명	o	재수생
성균관대	학교장추천	416	정량 80(공통·일반선택) + 정성 20(진로·전문교과)	15명	o	재학생
숙명여대	지역균형	248	교과 100	제한 없음	o	제한 없음
연세대	추천형	509	교과 100	10명	o	재학생
이화여대	고교추천	360	교과 100	20명	o	재수생
중앙대	지역균형	500	교과 90 + 출결 10	20명	o	재수생
한국외대	학교장추천	380	교과 100	10명	o	재수생
한양대	추천형	327	교과 90 + 교과정성평가 10	11%	o	재수생
홍익대	학교장추천	307	교과 100	10명	o	삼수생

주) 2026학년도 기준
※ 전형 방법, 수능최저학력기준 등이 바뀔 수 있으니 당해연도 모집 요강 확인 필요.

영합니다(서울대 제외). 대개가 학교장추천을 통해 교과 성적을 정량

적으로 반영하지만 일부 대학의 경우 서류를 통한 정성평가나 면접을

실시하는 경우도 있습니다. 상위권 대학의 경우 추천 인원 수를 제한하는 경우가 많으며 졸업년도별로 지원 자격을 두기도 합니다.

학생부교과전형 학생부 반영 방법

학생부교과전형에서 학생부 반영 교과와 반영 학기는 가장 핵심적

학생부교과전형 학생부 반영 교과 및 학기

대학	전형명	모집 단위	반영 교과	반영 학기
건국대	KU지역균형	인문, 자연	국, 수, 영, 과, 한	5학기
경희대	지역균형	인문, 자연	인문: 국, 수, 영, 사, 한 자연: 국, 수, 영, 과	3학기
고려대	학교추천	인문, 자연	전 과목	5학기
동국대	학교장추천	인문, 자연	인문: 국, 수, 영, 사, 한 중 상위 10과목 자연: 국, 수, 영, 과, 한 중 상위 10과목	3학기
서강대	지역균형	인문, 자연	전 과목	4학기
서울 시립대	지역균형	인문, 자연	전 교과	5학기
성균관대	학교장추천	인문, 자연	전 과목	5학기
숙명여대	지역균형	인문, 자연	국, 수, 영, 과, 한	5학기
연세대	추천형	인문, 자연	국, 수, 영, 사, 과 전 과목, 진로선택 상위 3과목	-
이화여대	고교추천	인문, 자연	국, 수, 영, 과, 한	5학기
중앙대	지역균형	인문, 자연	국, 수, 영, 사, 과	3학기
한국외대	학교장추천	인문, 자연	국(30), 수(20), 영(30), 사(한)(20)	3학기
한양대	추천형	인문	국, 수, 영, 과, 한	5학기

주) 2025학년도 기준

고려 요소입니다. 같은 등급 평균이라도 완전 다른 결과를 가져올 수 있습니다. 전반적으로 학년별 전 학년 100%에 국, 수, 영, 사/과를 주로 반영하고 있으나 학년별 반영 비율을 달리하거나 반영 교과가 다른 대학도 있습니다.

또한 반영 교과 중 상위 등급 몇 개만을 반영하는 대학도 있으므로 이를 자세히 살펴보고 교과별 등급, 성적 분포 등을 고려하여 지원을 검토해야 합니다. 단순히 주요 교과의 평균 등급만을 고려하지 말고 교과 반영 방법을 고려한 대학별 환산방식에 따른 환산점수를 산출해 지원 전략을 구성해야 합니다.

학생부교과전형의 특징

첫째, 합격 예측 가능성이 높은 전형입니다. 학생부종합전형이나 논술전형에 비해 경쟁률도 낮습니다. 학생부교과전형에서는 전년도의 결과가 지원에 큰 역할을 합니다. 최근 2~3년 정도의 수치를 가지고 합격선 예측이 가능합니다. 등급 점수로 나타나고 평가되기 때문에 지원하는 학생의 입장에서 봤을 때 이미 확정되어 있는 내신 성적과 평균적으로 나오는 자신의 수능모의고사 등급을 바탕으로 각 대학의 과거 연도 내신 커트라인과 수능최저등급을 비교해 지원을 하므로 예측가능성이 높다는 것입니다. 일반고의 내신이 우수한 학생들은 수시전형 6회 지원 중에서 교과전형에 1~2개 지원하여 전형 준비에 대한 부담을 줄이는 경우가 많습니다.

둘째, 수능최저학력기준을 고려해야 합니다. 학생부교과전형은 다른 전형에 비해 수능최저학력기준의 충족을 많이 요구하는 전형입니다. 따라서 학생부교과전형에서는 수능최저학력기준을 고려하여 전략을 세우는 것이 가장 중요합니다. 사실상 수능최저학력기준이 합격 여부를 결정하는 핵심 요소라고 볼 수 있습니다. 물론 수능최저학력기준을 적용하지 않는 이화여대, 건국대 등의 대학들도 있습니다만 이럴 경우에는 대개 내신이 1점대 초반 정도로 극상위권이어야 합니다.

학생부교과전형은 수능최저학력기준을 충족하고 내신이 극상위권이어야 한다.

셋째, 학생부교과전형의 전형 요소는 학생부 교과 성적, 면접, 서류 등으로 그중 가장 영향력이 있는 요소는 학생부 교과 성적입니다. 많은 대학에서 학생부 교과 100%로 선발하지만 상위권 대학은 학생부 교과 + 면접, 학생부 교과 + 비교과(학생부), 학생부 교과 + 서류 + 면접, 수능최저학력기준 등의 전형 요소를 활용하여 일괄합산 또는 단계별 전형으로 선발합니다.

넷째, 일반적으로 수능에서 상대적으로 경쟁력이 약하고 교과 성적이 우수한 일반고 상위권 학생들이 지원합니다. 또한 안정지원 경향으로 중복 합격, 대학 간 합격자의 이동, 추가 합격자도 다른 전형에 비하여 많은 편입니다. 학생부교과전형은 다른 전형에 비해 전형 방법이 간소하다는 장점이 있습니다. 학생부 교과 100%인 경우 원서 접수 시 학교생활기록부 온라인 제출에 동의만 하면 별도의 제출 서류도 없습니다.

학생부교과전형의 준비 방향

교과 성적의 비중이 절대적이다

명칭에서부터 알 수 있듯이 높은 교과 성적은 필수적입니다. 특히 3년의 성적을 좌우하는 것이 1학년이기 때문에 1학년 때부터 학교 성적 관리에 최선을 다해야 합니다. 실제로 서울 상위권 대학은 주요 과목이 거의 1등급을 유지해야 합격이 가능하므로 교과 성적 유지를 위한 노력이 기본입니다.

수능최저학력기준을 맞추기 위해 반드시 수능 준비를 병행해야 한다

교과전형뿐 아니라 입시 자체에 실패하는 경우가 수능 준비나 학교생활을 등한시하고 오로지 내신 성적만 잘 받으면 된다는 잘못된 생각입니다. 수능최저학력기준 충족도 쉽지 않습니다. 그 기준은 중상위권 대학이 보통 2과목 합 4~5 혹은 3과목 합 7 정도입니다. 물론 의학계열은 그보다 기준이 훨씬 높습니다. 아무리 교과 성적이 좋더라도 수능 성적이 뒷받침되지 못하면 합격이 불가능합니다.

실제로 상당수의 학생이 교과 성적에 비해 수능 성적이 최저등급을 충족시키지 못해 학생부교과전형에서 불합격하는 경우가 많습니다. 목표로 하는 대학의 수능최저학력기준을 만족할 수 있도록 수능 준비 전략을 세워야 합니다.

전형 방법을 정확하게 알아야 한다

교과 성적 반영 과목 및 반영 방법, 진로선택과목 반영 여부 등에 따라 합격 가능성이 달라질 수 있습니다. 전반적으로 학년별 반영 비율이 전 학년 100%에 국·수·영·사/과를 주로 반영하고 있으나, 학교에 따라서 반영 교과목, 학년별 반영 비율이 다르고 과목별 가중치 등이 서로 다른 경우가 많으므로 지원하려는 대학의 전형 요소와 반영 비율을 확인하고 지원하려는 대학별 유불리를 비교해 보아야 합니다.

많은 학생이 본인의 학생부 등급 평균만을 생각하고 지원하여 실패하는 경우가 많습니다. 대학별 환산점수 산정 방법을 잘 알고 지원해야 하는 것이 학생부교과전형의 기본입니다. 또한 2025학년도부터 '학교 폭력과 관련한 조치 사항'이 학생부에 기재되어 있는 경우 대학에서 평가에 반영하기 때문에 주의해야 합니다. 감점 또는 불합격 처리에서부터 아예 지원 자체가 불가능하거나 추천 대상에서 제외하는 경우도 있습니다.

내신만 잘해도
대학 갈 수 있나요?

전국적으로 보면 수능, 논술, 비교과 등과 상관없이 내신만으로 갈 수 있는 대학이 가장 큰 비중을 차지하지만 서울권 대학으로 범위를 한정시키면 내신만 잘해서 갈 수 있는 대학은 거의 없습니다. 학생부 비율을 100% 반영하는 대부분의 서울지역 대학이 학생부교과전형에 수능최저등급을 두고 있으며 주요 대학들의 경우 대부분 2과목 2등급 이상 또는 3과목 2등급 이상을 요구합니다.

한편, 동국대, 이화여대, 한양대는 수능최저학력기준이 없지만 1, 2단계로 전형을 나눠 2단계에는 면접 등 추가적인 전형 요소를 두어 교과 성적만으로 선발하지는 않습니다. 물론 수능최저학력기준이 없기 때문에 내신 등급이 높다면 합격 가능성이 높은 것은 사실입니다.

전국적으로 학생부교과전형으로 선발하는 인원은 전체 모집 인원의 38.5%이지만 서울권 대학으로 갈수록 그 비율은 줄어들어 주요 대학의 경우

0~20%에 불과합니다. 즉 주요 대학들은 내신 위주의 전형으로 많은 인원을 뽑지 않을뿐더러 다른 전형 요소 없이 내신만으로 선발하지 않습니다.

따라서 학생부교과전형으로 명문대에 합격하려면 평균 1.3등급 이내의 높은 내신은 기본이고 거기에 2등급 이상의 수능 성적과 면접 등의 준비가 필수입니다. 높은 내신은 물론 명문대 합격을 위해 중요한 요소인 것은 맞지만 단지 내신만으로 합격이 보장되지는 않는다는 것을 명심해야 합니다.

학년이 올라갈수록 수능 준비의 어려움 때문에 내신만으로 대학을 준비하려는 쉬운 길을 선택하려는 학생들이 늘어납니다. 하지만 어떤 전형에서 전형 요소가 하나 줄어들 때마다 경쟁률은 배가되고 그만큼 합격이 어렵다는 것을 알아야 합니다. 좋은 내신은 다른 영역(수능, 논술, 비교과 등)이 뒷받침되었을 때에는 굉장한 위력을 발휘합니다. 하지만 내신 그 자체만 가지고는 상위권 대학 진학이 거의 불가능합니다.

2025년도부터 고교 내신 5등급제로 바뀌면 내신의 중요성은 어떻게 되나요?

2025학년도 고1부터 내신이 9등급제에서 5등급제 체제로 바뀝니다. 그전까지는 내신도 수능과 같이 9등급제였습니다. 5등급 체제는 1등급(10%), 2등급(24%, 누적 34%), 3등급(32%, 누적 66%), 4등급(24%, 누적 90%), 5등급(10%, 누적 100%)으로 나뉩니다. 9등급 체제의 1등급(상위 4%), 2등급(7%, 누적 11%), 3등급(12%, 누적 23%), 4등급(17%, 누적 40%) 등과 비교했을 때 상위 등급을 받을 수 있는 인원이 크게 늘어납니다.

고교 내신 5등급제 등급별 비율표

등급	1	2	3	4	5
비율(%)	10	24	32	24	10
누적 비율(%)	10	34	66	90	100

같은 학년이 100명인 상황이면 기존 9등급 체계에서는 1등급이 4명이지만 5등급 체계에서는 10명으로 늘어나게 됩니다. 1등급이 확대되면서 내신 변별력이 작아지고, 수능의 영향력은 확대될 수 있습니다. 내신 경쟁이 다소 줄어들기는 했지만, 고교 전 학년(1·2·3학년)에 성취수준에 따른 절대평가(A~E)와 상대평가(1~5등급)를 병기(예체능 등 제외)하고 대학에 원점수, 석차등급, 성취도별 분포 비율, 과목평균, 수강자 수 등 정보를 제공하기 때문에 경쟁 완화 효과는 크지 않을 것입니다. 어떤 상황에서든지 내신의 중요성은 절대적임을 잊지 말아야 합니다.

학생부종합전형으로 대학 가기

학생부종합전형의 이해

학생부종합전형은 학업 성적뿐만 아니라 학생의 다양한 학습 이력을 바탕으로 대학에서 수학할 수 있는 능력을 고등학교 과정에서 충실하게 키워 왔는지를 평가하는 전형입니다. 학생부교과전형이 학생부의 교과 성적을 정량적으로 평가하는 데 반해 학생부종합전형은 학생부의 교과 성적뿐 아니라 비교과 영역을 정성적으로 평가합니다.

학생부종합전형의 구조

전체 대학으로 보면 학생부종합전형의 비중은 23.1%(2025학년도 기

학생부종합전형 전형 방법 예시

대학	전형명	모집인원	전형 방법				수능최저
			1단계	배수	2단계		
건국대	KU자기추천	838	서류 100	3	1단계 70 + 면접 30		×
경희대	네오르네상스	1,089	서류 100	3	1단계 70 + 면접 30		×
고려대	학업우수형	858	서류 100				o
	계열적합	528	서류 100	5	1단계 60 + 면접 40		×
동국대	Do Dream	600	서류 100	3.5/4	1단계 70 + 면접 30		×
서강대	학생부종합(일반)	557	서류 100				×
서울대	지역균형	507	서류 100	3	1단계 70 + 면접 30		o
	일반	1,491	서류 100	2	1단계 50 + 면접 50		×
서울시립대	면접형	436	서류 100	3	1단계 50 + 면접 50		×
	서류형	80	서류 100				×
성균관대	융합형	315	서류 100				×
	탐구형	386	서류 100				×
숙명여대	면접형	391	서류 100	3	1단계 60 + 면접 40		×
연세대	활동우수형	669	서류 100	4	1단계 60 + 면접 40		o
	국제형	255					
이화여대	미래인재	895	서류 100				o
중앙대	CAU탐구형	492	서류 100	3.5	1단계 70 + 면접 30		×
	CAU융합형	452	서류 100				×
한국외대	면접형	475	서류 100	3	1단계 50 + 면접 50		×
	서류형	539	서류 100				×
한양대	서류형	562	학생부종합 평가 100				×
	면접형	120	서류 100	7	1단계 70 + 면접 30		×
	추천형	197	학생부종합평가 100				o

주) 2026학년도 기준

준)이지만 서울 소재 주요 대학으로 한정하면 34%로 높아집니다. 상위권 대학이 가장 선호하는 전형이며 고등학교에서의 교과 성적은 물론이고 비교과 영역의 활동도 중요한 선발 기준으로 삼고 있습니다.

학생부종합전형은 왼쪽 페이지의 표와 같이 일괄합산(서류 100) 전형과 단계별(1단계+2단계) 전형으로 분류할 수 있습니다. 일괄합산 전형은 대부분 서류 100%로 학생을 선발합니다. 학생부종합전형에서 가장 많이 실시되는 단계별 전형은 1단계에서 일정 배수를 서류 평가로 선발하고 2단계에서 면접이 진행되는데 최근 들어 면접의 비율이 증가한 대학이 많아지고 있습니다.

학생부종합전형은 대학별로 평가 요소별 배점이 서로 다릅니다. 같은 대학이라도 전형에 따라 평가 요소별 비율이나 배점이 달라지는 경우도 많습니다. 예를 들어 고려대는 계열적합형과 학업우수형의 평가 요소에 따른 비율이 다르고, 한국외대도 서류형과 면접형에 따라 평가 요소의 비율이 다릅니다. 일반적으로 면접형보다는 서류형 합격자의 교과 성적이 높게 형성됩니다. 따라서 평가 요소의 비율과 배점을 살펴보고, 면접 역량 등을 고려하여 자신에게 유리한 전형을 찾아야 합니다.

학종 대학 전형별 평가 요소 및 비율 예시

대학	전형명	평가 요소 및 비율(배점)
건국대	KU자기추천	학업역량 300, 진로역량 400, 공동체역량 300
경희대	네오르네상스	학업역량 30, 진로역량 50, 공동체역량 20

고려대	학업우수형	학업역량 50, 진로역량 30, 공동체역량 20
동국대	Do Dream	학업역량 50%, 전공적합성 50%, 인성 및 사회성 20%
서강대	학생부종합(일반)	학업역량 50%, 공동체역량 20%, 성장가능성 30%
서울대	지역균형, 일반	학업역량 7등급(A+, A, B+, B, C+, C, D), 학업태도(A, B, C), 학업 외 소양(A, B, C), 최종 서류 평가 7등급(일반 A+, A, B+, B, C+, C, D)
서울시립대	학생부종합전형 I	학업역량 35%, 잠재역량 40%, 사회역량 25%
성균관대	계열, 학과 모집	학업수월성 250, 학업충실성 250, 전공적합성 150, 활동다양성 150, 자기주도성 100, 발전가능성 100
연세대	활동우수형, 국제형	종합평가 I (학업역량, 진로역량) 70, 종합평가 II (인성, 공동체역량) 30
이화여대	미래인재	학업역량 200~400점, 학교활동의 우수성 300~500점, 발전가능성 200
중앙대	CAU융합형인재	학업역량 50, 진로역량 30, 공동체역량 20
한국외대	학생부종합(면접형)	학업역량 50, 진로역량 30, 공동체역량 20
한양대	학생부종합(일반)	[전임]종합성취 200, 학업 300, 인성 및 잠재력 300 [위촉]학업 및 인성 200

출처: 2025학년도 대입정보 119

개정교육과정 적용과 자기소개서 폐지에 따라 학생생활기록부를 중심으로 한 서류 평가의 비중이 매우 커졌습니다. 각 대학들은 공동 연구 등을 통해 오른쪽 페이지의 표와 같이 학생부종합전형 평가 요소의 변화를 모색하였습니다. 새롭게 개편한 평가 요소의 경우 기존의 학업역량, 전공적합성, 인성, 발전가능성의 평가 요소를 학업역량, 진로역량, 공동체역량으로 개편한 점 등을 살펴볼 필요가 있습니다.

학생부종합전형 평가 요소 및 평가 항목 예시

평가 요소	의미	평가 항목
학업역량	대학 교육을 충실히 이수하는 데 필요한 수학 능력	학업성취도
		학업태도
		탐구력
진로역량	자신의 진로와 전공(계열)에 관한 탐색 노력과 준비 정도	전공(계열) 관련 교과 이수 노력
		전공(계열) 관련 교과성취도
		진로탐색활동과 경험
공동체역량	공동체의 일원으로서 갖춰야 할 바람직한 사고와 행동	협업과 소통 능력
		나눔과 배려
		성실성과 규칙 준수
		리더십

출처: 5개 대학(건국대, 경희대, 연세대, 중앙대, 한국외대) 공동연구(2022. 2.) 재구성

학생부종합전형의 특징

확 바뀐 학종은 준비가 쉬워졌다

예전에는 수상경력, 자율동아리, 봉사활동, 독서활동, 자기소개서 등 챙겨야 할 내용이 많았습니다. 수능을 준비하며 학교 내신은 기본이고 비교과까지 부담이 적지 않았습니다. 하지만 지금은 수업과 학교생활만 충실해도 학종 준비가 가능합니다. 따라서 학종은 선택이 아니라 필수가 되었습니다.

학교생활기록부의 중요성이 훨씬 커졌다

학생부가 서류 평가의 유일한 자료입니다. 2024학년도 대입부터 학교생활기록부의 수상경력, 자율동아리, 개인봉사활동, 독서활동상황이 대입에 반영되지 않음에 따라 교과성취도, 교과활동, 정규동아리, 교내봉사활동 등 학생부에 반영되는 교내활동에서의 학교생활 충실도가 더욱 중요해졌습니다. 글자 수의 제한도 줄어들어 상투적인 칭찬이 아니라 학생의 역량을 최대로 나타낼 수 있도록 정교하고 임팩트 있는 표현이 중요합니다.

학생의 자기주도적 과목 선택을 중요하게 평가한다

학생부종합전형에서는 개정교육과정의 적용과 함께 과목 선택의 자율성이 커졌습니다. 또한 서울대, 경희대, 고려대, 성균관대, 연세대, 중앙대가 모집 단위별로 이수를 권장하는 과목들을 발표하였습니다. 학교별 자격 조건을 세심하게 확인하고 그에 걸맞은 준비를 해야 합니다. 1, 2학년 때 과목 선택에 관심을 가지고 대학에서 제시한 이수 권장과목을 토대로 자신의 관심, 흥미, 진로 분야에 맞는 과목 선택에 신중을 기울일 필요가 있습니다.

수능최저학력기준을 적용하는 최상위권 대학이 있다

학생부종합전형을 실시하는 최상위권 대학도 수능최저학력기준을 적용합니다. 서울대, 고려대, 연세대, 이화여대 등이 최저등급을 적용하며 최근 수능최저학력기준을 적용하는 학교가 증가하였습니다.

2025 대입에서는 서울시립대(학생부종합Ⅱ), 한양대(추천형)에서 일부 학생부종합전형을 적용합니다. 같은 학생부종합전형이라도 수능최저학력기준이 있거나 없기도 하고 다르기도 하여 자신이 지원하는 전형 명칭과 모집 단위의 수능최저학력기준을 반드시 확인해야 합니다.

교과 성적은 학생부종합전형에서도 중요한 평가 요소이다

학생부종합전형은 말 그대로 학생부를 종합적으로 평가하는 전형이지 결코 성적과 상관없이 잠재력만으로 학생을 선발하는 제도가 아닙니다. 학생부종합전형에서도 교과 성적은 여전히 중요한 평가 요소이며 실제로 학생부종합전형으로 합격한 학생들의 교과 성적은 다른 전형으로 합격한 학생에 비해 떨어지지 않습니다. 특히, 국어, 수학, 영어 등 핵심 과목의 높은 교과 성적은 각 대학에서 생각하는 '최고의 스펙' 중 하나임을 명심해야 합니다.

학생부종합전형의 준비 방향

확 바뀐 학종에서는 충실한 학교 수업이 가장 중요하다

학종에서 교과 성적과 교과활동이 평가에서 가장 높은 비중을 차지하고 있습니다. 따라서 교과수업에 적극적으로 참여하여 자신의 학업 역량을 드러내야 합니다. 특히 교과활동이 기록되는 과목별 세부능력 및 특기사항은 서류 및 면접 평가에서 학업역량, 진로역량, 발전가능성 등을 평가하고 확인하는 데 큰 비중을 차지하므로 교과 내용에 대하여 넓고 깊은 탐구활동을 통해 의미 있는 지식으로 만들기 위해 노력해야 합니다.

과목 선택이 핵심이다

2025년부터 고교학점제가 시행되고 비교과의 비중이 줄어드는 것에 따라 본인의 적성과 진로에 따른 자기주도적인 과목 선택이 이루어져야 합니다. 학생부종합전형에서는 교육과정 선택과 이수를 통해 확인할 수 있는 학생 개인의 특성 및 역량을 정성평가합니다. 따라서 단위학교 교육과정을 바탕으로 학생의 진로와 관심에 따른 과목 선택이 이루어져야 합니다. 이때 대학에서 제시한 이수 권장과목 및 핵심 권장과목을 함께 고려해야 합니다. 대학에서 교육과정 선택 및 이수 과정에서 드러난 학생의 자기주도성을 중요하게 평가합니다.

교과기반 심화 탐구역량을 드러내야 한다

창의적체험활동(자율, 동아리, 진로, 봉사활동) 역시 교과기반 심화 탐구역량을 반드시 드러내야 합니다. 교과수업에서 배우고 학습한 내용을 학교내활동과 연계, 심화, 확장해 나가야 합니다. 학생부종합전형을 준비하기 위해서는 교과에서 한 활동을 바탕으로 자신이 알고 있는 지식을 다양한 교내활동(자율, 진로, 동아리, 독서 등)을 통해 활용하는 방법과 관심사나 전공 분야에 대해 다양한 자료를 통해 깊이 있게 탐구하며 역량을 키워 나가는 모습을 학교생활기록부를 통해 보여 주어야 합니다.

독서활동은 아무리 강조해도 지나치지 않다

2024학년도부터 독서활동상황이 대입정보로 제공되지 않는다고
해서 학종에서 독서의 비중과 중요성이 줄어든 것이 아님을 알아야
합니다. 교과나 창체활동과 연계한 독서활동은 대학에서 학생의 학업
역량과 전공 분야에 대한 지식의 깊이와 넓이를 판단하는 가장 중요
한 포인트입니다. 창체활동과 교과 세부능력 및 특기사항에 도서명뿐
만 아니라 독서활동 내용을 입력할 수 있기 때문에 교과 및 창체활동
을 통해 학업활동의 깊이를 보여 주는 것이 더욱 중요해졌습니다. 또
한 면접에서도 독서 역량은 가장 큰 위력을 보여 줄 것입니다.

정확하고 좋은 정보가 필요하다

대입정보포털 '어디가'(www.adiga.kr)를 활용하면 진로 및 학과, 대
학별 평가 기준 및 결과 등 다양한 정보를 얻을 수 있습니다. 특히 학종
의 모형이라 할 수 있고, 방향을 제시하는 서울대학교의 입학본부 홈페
이지와 웹진 아로리(snuarori.snu.ac.kr)를 참고하면 좋습니다.

이 밖에 각 대학에서 제공하는 학생부종합전형 가이드북과 전공(학
과) 가이드북, 대입정보를 적극적으로 활용하여 자신이 진학하기를
희망하는 대학의 인재상이나 평가의 관점 및 방법을 알고 준비해야
합니다.

고교학점제와 대학입시는
어떤 관계가 있나요?

고교학점제란 학생이 진로 및 적성에 따라 과목을 선택하고, 이수 기준에 도달한 과목에 대해 학점을 취득, 누적하여 졸업하는 제도입니다. 학생의 진로에 맞는 과목을 자율적으로 선택하여 수업을 들을 수 있는데, 대학교처럼 이수해야 하는 학점을 정해 두고 원하는 과목을 신청하는 방식입니다. 자신이 희망하는 과목을 선택해 수강하고, 목표 수준에 도달하면 해당 과목을 이수하게 됩니다. 하지만 이러한 좋은 취지의 고교학점제는 입시의 관점에서 본다면 상당히 왜곡된 형태로 나타날 것으로 예상됩니다.

2025년 신입생부터 전면 적용된다
고교학점제는 2025년 기준으로 신입생의 경우는 전면 적용, 2학년의 경우 단계적으로 적용됩니다. 고교학점제라 하여 학생들이 모든 과목을 선택하여 수강할 수 있는 것은 아닙니다. 교육과정에서 반드시 배워야 하는 내용으로 설정한 '공통과목'과 학교에 따라 필수로 이수해야 하는 '지정과목'은 반드시 의무적으로 수강해야 합니다. 따라서 고2의 경우는 개정 교육과정에 따라 국어, 수학, 영어, 한국사, 통합사회, 통합과학 등이 공통과목에 해당합니다.

필수 이수과목으로 지정하는 과목의 경우에는 학교마다 다르기 때문에 해당 학교 홈페이지의 교육과정을 참고해야 됩니다. 과목 선택의 범위는 학교 내에 개설된 과목을 우선으로 선택하되, 학교 내에서 원하는 과목이 개설되지 않을 경우에는 학생의 과목선택권 보장을 위한 온라인학교, 학교 간 공동교육과정, 교육청·지역대학 협력 등으로 개설된 과목을 수강할 수 있습니다.

과목 선택이 핵심이다

대학은 고교학점제를 계기로 고교와 학생의 수준을 더 정확하게 파악할 수 있게 되었습니다. 대학은 당연히 주요 지식 과목과 높은 수준의 과목을 이수한 것을 선호할 것입니다. 여기에 더하여 학생들이 자신의 전공을 위하여 얼마나 일관성 있고 깊이 있게 학습했는지 알 수 있게 됩니다. 앞으로의 입시 성패는 고교 교육과정 운영과 그 결과에 따라 좌우된다고 해도 과언이 아닙니다.

진로나 전공 선택이 먼저다

고등학교 입학 전에 자기 자신에 대해서 깊이 생각한 후에 진로나 전공 계열 선택이 우선적으로 이루어져야 당황하지 않습니다. 필요하다면 관련 분야에 대한 독서나 적절한 선행학습으로 대비하면 좋습니다. 고교학점제는 자신의 진로를 스스로 개척하고 자기주도적으로 학습하는 역량이 필요합니다.

교과 평가가 더욱 중요해진다

교과 평가는 학교생활기록부의 교과학습발달상황(①교과이수현황, ②교과학업성적, ③교과 세부능력 및 특기사항)만 반영하여 모집 단위 관련 학문 분야에 필요한 교과 이수 및 학업 수행의 충실도를 평가하는 것입니다. 모든 입시 전형의 중심입니다. 학생부종합전형뿐 아니라 학생부교과전형, 수능중심전형까지도 고등학교 때 선택하여 이수한 교과목, 학업성취도, 학업태도나 탐구력을 구체적으로 알 수 있는 교과 세부능력 및 특기사항을 중요하게 평가하는 교과 평가를 반영하는 방향으로 가고 있습니다.

운영 능력에서 학교별 차이가 클 것이다

고교학점제는 수능 체제 개편과 맞물려 있어 좋은 취지에도 불구하고 학교 현장에서는 자칫 기형적인 형태를 띨 수 있습니다. 또한 학교별 운영에서 차이가 극명하게 드러날 수도 있습니다. 교육과정 운영이 비교적 자유로운 자사고를 비롯한 사립고에서는 입시 실적을 높이기 위해 수능 반영 과목 위주로 교과과정을 편성하는 왜곡 현상이 발생할 수 있습니다. 학생들도 수능 반영 위주의 수업과 내신 따기 좋은 과목 위주로 수강하게 될 가능성이 높습니다. 특목/자사고의 경우는 학점 운영제와 유사한 방식을 선도적으로 운영하여 이미 노하우를 쌓은 반면, 공립 일반고는 입시 차원에서 재앙이 될 수도 있습니다.

고교학점제 운영 능력이나 방식이 고교 선택에 큰 영향을 줄 것이라 예상됩니다. 고교학점제와 입시를 떼어 놓고 생각할 수 없기 때문입니다. 내신과 수능 평가 시스템에까지 매우 큰 변화를 가져오며, 수시(학종과 교과)와 정시 모두의 결과에 가장 큰 영향력을 끼칠 것입니다.

창체활동 등에서 학생부 기재 방식에
달라진 것들이 무엇인가요?

학교생활기록부 기재사항이 달라졌습니다. 다음은 2024년부터 변경된 사항입니다. 학생부 기재사항 설명 중에서 '미기재'는 학생부에 기록하지 않는 내용을, '미반영'은 학생부에 기록은 하지만 대입자료로 제공하지 않는 것을 뜻합니다.

주의해야 할 것은 요즘 반영되지 않는 부분을 강조하다 보니 마치 항목 전체가 '미기재'나 '미반영'되는 것처럼 착각하는 경우도 있습니다. 반영되는 것과 반영되지 않는 것을 잘 구분하여 준비해야 합니다.

학교생활기록부 기재 변경사항

영역	세부항목	글자 수	기재사항 등 변경사항
교과활동		과목당 500자	- 방과후학교활동(수강) 내용 미기재 - 영재·발명 교육 실적 대입 미반영
창의적 체험활동	자율활동	500자	- 학교교육계획에 따라 학교가 주최하고 주관한 체험활동
	동아리활동	500자	- 정규교육과정 동아리활동 대입 반영 - 정규교육과정 이외 학교 스포츠클럽활동 클럽명과 이수시간 - 자율동아리 대입 미반영 - 청소년단체활동 미기재
	봉사활동		- 개인봉사활동 실적 대입 미반영 - 단, 학교교육계획에 따라 교사가 지도한 실적은 대입 반영
	진로활동	700자	진로희망 분야는 대입 미반영
독서활동			- 대입 미반영 - 과목별 수업 관련 독서는 세특 항목에 기재 가능
수상 경력		100자	대입 미반영

논술전형으로 대학 가기

논술전형의 이해

논술전형은 내신과 수능에 대한 보완으로 학생의 통합교과적인 사고력을 측정하기 위한 시험으로 주로 서울 소재 상위권 대학에서 실시합니다. 특목/자사고, 영재고, N수생, 일반고 최상위권 학생들이 다른 전형을 중심으로 추가로 준비하는 경우가 많습니다.

전국적으로는 전체 선발 인원의 3.3% 정도에 불과하지만 서울 소재 상위권 대학으로 범위를 좁히면 8.7% 정도가 논술전형으로 선발합니다. 상위권 대학을 희망하는 학생들에게 논술은 꼭 준비해야 하는 중요한 입시전형 중 하나입니다.

논술전형 전형 요소별 반영 비율 및 수능최저학력기준

대학	전형 요소별 반영 비율(%)		모집 인원		수능최저 학력기준	출제 경향
	논술	학생부				
건국대	100	-	인문	107	2개합5	
			자연	207		수학 4문항
경희대	100	-	인문	162	2개합 5	
			자연	307		수학 4~6문항 내외
고려대	100	-	인문	170	4개합 8	
			자연	174		
서강대	100	-	인문	109	3개합 7	
			자연	64		수리 관련 제시문과 논제
서울시립대	80	20	자연	74	없음	수리논술 4문항
성균관대	100	-	인문	174	3개합 6	
			자연	207		수학 3문항
연세대	100	-	인문	97	없음	
			자연	254		
이화여대	100	-	인문	170	2개합 5	
			자연	112		수리논술 3문항
중앙대	70	30	인문	224	3개합 6	
			자연	206		수리논술 4문항
한국외대	100	-	인문	396	2개합 4	
			자연	72	1개 3	
한양대	90	10	인문	57	3개합 7	
			자연	113		수리논술 2문항

주) 2026학년도 기준

상위권 대학에서는 서울대를 제외하고 모두 논술전형을 실시합니다. 다만 그 편차가 큰 편이고 수능최저학력기준의 유무도 대학마다 차이가 있으므로 이들을 고려해야 합니다. 학생부 반영 비율도 높은 편이므로 등급별 점수 차 등을 고려한 실질 반영률을 확인하여 지원 전략을 수립해야 합니다.

앞 페이지의 표에서 보는 바와 같이 대개 논술 100%를 적용합니다. 논술전형에서 논술의 영향력은 절대적입니다. 전형 요소로 학생부를 반영하는 대학도 있지만, 실제 반영 기준은 매우 작기 때문에 교과 성적의 영향력은 낮습니다.

논술전형의 특징

논술전형은 내신의 약점을 역전시킬 수 있는 전형이다

논술전형을 실시하는 학교에서 학생부도 일정 비율 포함하는 경우가 있습니다. 하지만 실질적인 학생부의 반영 비율은 낮은 편이어서 논술을 잘 본다면 3~4등급 수준의 교과 성적으로도 충분히 서울 상위권 대학에 합격이 가능합니다. 내신이 다소 부족한 학생들에게 논술은 상위권 대학에 갈 수 있는 전형이 될 수 있습니다.

논술전형의 논제 유형이 정해져 있다

인문계열 논술은 다수의 대학이 언어논술을 출제하고 있고, 수리논

인문계열 논술전형 논제 유형

유형	대학
언어논술	경희대(인문), 동국대, 숙명여대, 이화여대(인문Ⅰ), 중앙대, 한국외대(인문), 한양대, 홍익대
언어논술 + 도표·그래프 분석	건국대(인문사회Ⅰ), 서강대, 성균관대, 연세대, 한국외대(사회)
언어논술 + 수리논술	건국대(인문사회Ⅱ), 경희대, 연세대, 이화여대Ⅱ, 중앙대
영어제시문 활용	연세대, 이화여대(인문Ⅰ), 한국외대(인문)

출처: 2025학년도 대입정보 119

자연계열 논술전형 논제 유형

유형	대학
수리논술	건국대, 경희대, 동국대, 서강대, 서울시립대, 성균관대, 숙명여대, 연세대, 이화여대, 중앙대, 한양대, 홍익대
수리논술 + 과학선택	경희대(의학계)(물/화/생) 연세대(미래)(의예)(물/화/생)
수리논술 + 과학지정	아주대(의예): 수리논술 + 생명과학(Ⅰ, Ⅱ)
과학통합논술	서울여대(통합과학 + 생명과학Ⅰ)

출처: 2025학년도 대입정보 119

술 포함 여부, 영어 제시문 활용 여부, 표나 도표 등의 통계자료 활용 여부에 따라 논제 유형을 구분할 수 있습니다.

자연계열 논술고사의 대표 유형은 수리논술입니다. 일부 대학 또는 모집 단위에서 수리논술과 과학선택을 결합하거나 지정하는 경우도 있으며, 그 밖에 과학 통합논술이나 수학 교과를 기반으로 하는 약술형 논술을 시행합니다.

논술의 토대는 교과서이다

논술고사는 고등학교 교육과정의 범위와 수준 내에서 출제되므로 그 중심은 교과서입니다. 인문계열의 논술은 국어, 독서, 문학, 언어와 매체, 화법과 작문 교과서가 많은 대학의 논술 제시문으로 활용되며, 사회와 도덕 교과서 역시 제시문으로 빈번하게 출제됩니다. 자연계열 논술 고사는 수학 또는 과학 교과를 기반으로 출제되므로 교과에 대한 기본적인 이해 능력을 바탕으로 상황에 맞는 문제해결 능력 등 적용 능력의 배양이 중요합니다.

수능최저학력기준이 완화되었으나 영향은 크다

논술전형에서 수능최저학력기준은 매우 다양합니다. 논술은 수시전형 중 평균 경쟁률이 가장 높은 전형이지만 수능최저학력기준을 적용하는 대학의 경우 수능최저학력기준 충족 여부가 적용된 실질경쟁률은 크게 낮아짐이 특징입니다. 다음 표는 일부 대학의 논술전형 결시율을 나타낸 것입니다. 상위권 대학의 논술 결시율은 수능최저학력기준이 있는 경우 50%에 육박하기도 합니다.

논술 결시율			
대학	인문	자연	비고
경희대	40.4%	48.2%	
서강대	45.0%	50.0%	
성균관대	46.2%	51.4%	수능최저학력기준 있음
이화여대	50.1%	36.6%	
한양대	21.4%	27.7%	수능최저학력기준 없음
평균	40.62%	42.78%	

주) 2023학년도 기준

논술전형의 준비 방향

논술에 가장 좋은 책은 교과서이다

논술 준비는 평소 수업시간을 기본으로 기본 개념과 상황 이해 능력을 기르고 문제를 해결하는 연습을 해야 합니다. 논술전형을 준비하는 학생은 먼저 교과서를 꼼꼼히 읽고 결론을 이끌어 내기 위한 서술 과정, 원인과 결과, 영향 등을 이해하고 분석해야 합니다. 또한 교과서 내의 개념 또는 성질을 이해하는 과정에서 필요한 부분은 증명을 통하여 이해를 명확하게 해 두어 적용이 수월하도록 학습하는 습관을 가져야 합니다.

논술은 교과서 외의 지식을 자랑한다고 해서 높은 점수를 받는 게 아닙니다. 주어진 지문을 읽고 그 의미들을 정확하게 파악한 후 문제에서 요구하는 바를 정해진 글자 수 범위에서 논리적으로 서술해야 합니다. 그리고 그 답안이 고등학교 교과서에 나온 내용을 바탕으로 자신의 생각을 정리하였다면 높은 점수를 받습니다.

대학별 출제 유형을 파악하고 기출문제를 풀어라

논술전형은 대학별로 출제 유형이나 문항 수가 다릅니다. 따라서 수험생은 막연히 논술을 준비할 것이 아니라 자신이 희망하는 대학에서 실시하는 논술 유형을 사전에 파악하고 준비하는 것이 바람직합니다. 각 대학별 모의논술 문제들을 풀고 자신만의 답을 작성한 후 예시답안과 비교 분석하는 과정을 반복해야 실제 논술에서의 시행착오를 줄일 수 있습니다. 대학은 선행학습영향 평가보고서, 논술전형 가이드북, 모의논술, 논술해설 영상 등을 통해 논술전형과 관련한 정보를 충분히 제공하고 있습니다.

좋은 논술 답안을 많이 읽어야 한다

대학별 홈페이지에는 논술 기출문제와 함께 예시답안이나 우수답안 등이 게재되어 있습니다. 좋은 평가를 받은 글을 많이 읽어 보면 어떻게 해야 논술에서 좋은 점수를 받을 수 있는지 알 수 있습니다.

수능최저학력기준을 충족하기 위해 수능을 함께 준비해야 한다

수능최저학력기준을 충족하지 못할 경우에는 아무리 훌륭한 답안을 작성해도 합격할 수 없습니다. 논술전형은 경쟁률이 높지만 수능 최저학력기준의 충족은 실질경쟁률을 낮추는 역할을 합니다. 논술전형 지원자는 수능 준비가 기본이 되어야 합니다. 수능전형으로 대학에 지원하겠다는 계획을 세우며 논술전형을 준비하는 것이 가장 바람직합니다.

논술은 하루아침에 이루어지지 않는다

앞에서 언급했다시피 논술은 글쓰기를 통해 통합교과적인 사고력을 평가하는 시험입니다. 통합교과적인 사고력도 글쓰기도 모두 하루아침에 발전하기는 힘듭니다. 특히 글을 쓰는 연습은 논술 준비에서 가장 중요한 과정입니다. 비슷한 내용이라도 좀 더 적합한 어휘를 선택하고 좀 더 이해하기 쉬운 문장으로 표현하는 연습을 해야 하며, 정해진 분량에 맞춰서 글을 마무리 짓는 연습도 충분히 해야 합니다. 서울 상위권 대학에 도전하는 학생이라면 고등학교에 입학하기 전부터 차근차근 준비해 나가야 그 성과를 얻을 수 있습니다.

수능 중심(정시)으로 대학 가기

수능 중심(정시)의 이해

정시 모집은 수시 모집의 합격자 발표가 끝난 12월 중순부터 지원자를 모집하는 전형을 말하는데, 거의 대부분 대학수학능력시험 위주의 전형을 실시합니다. 정시 모집은 각 대학별로 정해 놓은 군(가, 나, 다)별로 각각 1회씩, 최대 3회까지 지원 가능하며, 수시 모집에서 1개 대학 이상 합격한 학생은 정시 모집 지원이 불가능합니다. 정시 모집임에도 학생부종합전형이나 실기위주전형이 소수 있지만 여기서는 수능위주전형만 다루겠습니다.

'대입제도 공정성 강화방안'에 따라서 수능전형으로 40% 이상 선발하는 16개 대학 수능 비율의 영향으로 수도권에서는 수능전형의 선발 비율이 높습니다. 반면 비수도권의 경우는 정시 선발 인원이 감소했습니다.

대다수의 대학에서 수능 비중은 절대적입니다. 하지만 실제 입시에서 경쟁자들은 수능 성적이 비슷한 경우가 많으므로 표준점수, 수능 영역별 가중치, 내신 반영 비율 등을 반드시 고려해야 합니다. 또한 가, 나, 다 각 군별로 분할 모집하는 대학인 경우 군별 수능, 내신 반영 비율의 차이를 비교하여 지원 전략을 세워야 합니다.

수능 중심(정시)의 특징

정시 모집은 수능이 절대적이다

학생부가 일부 반영되기는 하지만 정시 모집에서는 수능 비중이 절대적으로 높습니다. 일부 대학은 학생부 없이 수능 100%로 선발하기도 하니 학교별 반영 비율을 확인하고 지원해야 합니다. 정시 모집은 학생부 교과 성적이 좋지 않은 학생이 서울 상위권 대학에 합격할 수 있는 좋은 방법입니다.

학교별 과목별 가중치 계산법을 고려해야 한다

주요 대학 대부분이 수능 점수를 반영할 때 원점수보다 표준점수나 백분위에 따른 변환표준점수를 사용합니다. 예를 들어 수학 90점, 국

정시 모집 비율 및 반영 교과 비율

대학	비율 (%)	인원	계열	반영 교과(%)				선택과목 지정
				국어	수학	영어	탐구	
건국대	42.9	1,411	언어 중심	40	30	10	20	
			수리 중심	30	40	10	20	
경희대	44.3	2,405	인문	40	25	감점	35	
			자연	25	40	감점	35	
고려대	40.5	1,765	인문	36	36	감점	28	과탐
			자연	31	38	감점	31	
동국대	40.1	1,259	인문	35	25	15	25	
			자연	25	35	15	25	
서강대	40.3	717	인문, 자연	37	43	가산점	20	
서울대	41.5	1,441	인문, 자연	33	40	감점	27	미적, 기하, 과탐
서울시립대	45.1	825	인문	35	35	15	15	미적, 기하
			자연	30	40	10	20	
성균관대	40.0	1,562	인문	40	30	10	20	모집 단위별 상이
			자연	20	40	10	30	
연세대	43.3	1,682	인문, 자연	33	33	17	17	모집 단위별 상이
중앙대	41.9	2,075	인문, 사회	35	30	가산점	35	
			자연	30	35	가산점	35	
한국외대	42.3	1,537	인문	30	30	20	20	
한양대	42.9	1,427	상경	35	35	10	20	
			자연	25	40	10	25	

주) 2026학년도 기준

어 80점을 맞은 학생과 수학 80점, 국어 90점을 맞은 학생의 원점수의 평균은 동점이지만 정시 모집에서 반영되는 점수는 판이하게 다를 수가 있습니다. 그러므로 자신이 지원하는 대학 모집 단위의 점수 반영 방법과 가중치를 고려하여 지원 전략을 세워야 합니다.

왼쪽 페이지의 표는 서울 소재 일부 대학의 정시 모집 비율 및 반영 교과 비율을 나타낸 것입니다. 대학에 따라 반영 영역 수, 영역별 반영 과목 비율, 수학 선택과목별 가산점, 영어 점수 가·감점 등 수능 성적 반영 방법이 상이하여 대학별 환산점수가 다를 수밖에 없습니다. 대학에 따라서는 수능 선택과목을 지정하는 경우가 있기 때문에 입시 전략을 수립할 때 반드시 고려해야 합니다.

따라서 대학별 환산점수 산출을 통해 유리한 대학을 찾아 지원해야 합니다. 대입정보포털 '어디가'(www.adiga.kr) 등에서 제공하는 대학별 환산점수 산출을 통해 자신이 받은 수능 성적의 유·불리를 확인할 수 있습니다.

'학폭'은 정시에도 반영된다

'학교폭력 근절 종합대책'에 따라 2025학년도부터 수능위주전형에서 총 21개 대학이 학교폭력 조치 사항을 반영하며, 2026학년도부터는 전체 대학과 모든 전형에 의무 반영됩니다. 대학별로 반영 방법이 서로 다르므로 각 대학별 정시 모집 요강을 확인할 필요가 있습니다.

학생부가 합격을 결정짓는 경우도 있다

정시에서 학생부의 반영 비율은 0~20% 수준입니다. 교과 등급별 점수 차이도 1~4등급까지는 거의 없는 경우가 많기 때문에 실질 반영률은 이보다 훨씬 낮아 5%도 되지 않는 대학이 많습니다. 하지만 최근 쉽게 출제되는 수능의 경향을 고려하면 상위권 대학의 특정 학과에 지원한 학생들의 수능 점수는 사실상 차이가 별로 없습니다. 학생부 성적 1~2점이 합격에 결정적인 역할을 하는 경우도 종종 발생합니다. 아무리 정시 모집이라도 수능 점수만으로 합격이 결정되는 것은 아니기 때문에 학생부 반영 비율 등을 고려하여 지원 전략을 세워야 합니다.

수능 중심(정시)의 준비 방향

입시는 항상 수능을 중심으로 다른 전형을 추가시켜야 한다

통합형 수능이 정착되면서 자연계열 모집 단위의 지정과목도 점차 사라지고 있는 추세입니다. 하지만 대학에 따라서 수학은 미적분 또는 기하, 탐구는 과학탐구 응시자가 지원이 가능하도록 제한하는 경우도 있습니다. 본인이 목표로 하는 대학의 모집 요강을 참고하면서 지정과목 유무를 확인해야 합니다. 또한 국어, 수학 영역의 경우 공통과목과 선택과목으로 구분되는데 공통과목의 배점이 75% 정도이므로 공통과목에서 고득점을 목표로 계획을 세우는 것이 필요합니다

(2028학년도부터는 완전 통합).

정시에서도 교과 평가를 한다

2023학년도부터 서울대는 정시 수능전형에서 교과 정성평가를 실시하고 있습니다. 2024학년도에는 고려대에서 교과우수(정시)전형을 신설하여 교과를 20% 반영하였습니다. 2026학년도부터는 연세대도 학교생활기록부 평가 도입을 예고하였습니다. 이는 학교생활을 충실하게 한 학생들을 선발하고자 하는 대학의 의지가 반영되었다고 볼 수 있습니다. 뿐만 아니라 수능 준비와 학교 수업은 따로 분리하여 생각할 수 없기 때문에 수업에 충실하여야 합니다.

Q&A

2028학년도 이전과 이후
수능 시험 과목은 어떻게 되나요?

수능 시험은 보통 총 6과목 또는 7과목을 응시합니다. 국어, 수학, 영어와 사회탐구나 과학탐구 중 2과목을 선택합니다. 필요에 따라서는 제2외국어/한문 중에서 추가 1과목을 선택할 수 있습니다. 원점수 기준 국어·영어·수학 각각 100점 만점, 탐구 각각 50점씩 400점 만점으로 이루어집니다. 2028학년도부터는 국어, 수학, 영어, 탐구, 등 전 과목을 문·이과 구별 없이 동일하게 응시합니다.

수능 시험을 대비할 때는 문제를 정확하게 푸는 것도 중요하지만, 정해진 시간 내에 풀 수 있는 능력도 매우 중요합니다. 따라서 수능을 대비한 모의고사 문제풀이를 할 때는 정해진 시간을 엄수하여 푸는 연습을 해야 합니다. 중하위권 학생들의 경우에는 몇 점짜리 문제 혹은 어떤 유형의 문제들을 전략적으로 준비할 것인지를 분석하여 대비하는 것이 필요합니다.

수능 과목별 배점 및 시험 시간

영역		문항수	배점	시험 시간	현행(2027학년도까지)	2028학년도부터
국어		45	100점	80분	공통: 독서, 문학 선택: 화법과 작문, 언어와 매체 → 공통 + 선택 2과목 중 택1	화법과 언어, 독서와 작문, 문학
수학		30	100점	100분	공통: 수학Ⅰ, 수학Ⅱ 선택: 확률과 통계, 미적분, 기하 → 공통 + 선택 3과목 중 택1	대수, 미적분Ⅰ, 확률과 통계
영어		45	100점	70분	영어Ⅰ, 영어Ⅱ(듣기 17문항)	동일함
탐구	사회탐구	과목당 20	과목당 50점	과목당 30분	택2	생활과 윤리, 윤리와 사상, 한국지리, 세계지리, 동아시아사상, 세계사, 법과정치, 경제, 사회·문화(9개 과목)	통합사회
	과학탐구	과목당 20	과목당 50점	과목당 30분		물리Ⅰ, 물리Ⅱ, 화학Ⅰ, 화학Ⅱ, 생명과학Ⅰ, 생명과학Ⅱ, 지구과학Ⅰ, 지구과학Ⅱ(8개 과목)	통합과학
제2외국어, 한문		과목당 30	과목당 50점	과목당 40분	9과목 중에서 1과목 응시	동일함
한국사		20	50점	30분	한국사	동일함

주) 2028학년도부터 국어, 수학, 탐구 등 전 과목 문·이과 구별 없이 동일하게 응시함.

사회통합전형으로 대학 가기

사회통합전형의 이해

사회통합전형은 학습 의지는 있으나 공평한 교육 기회를 갖지 못한 사회적배려대상자를 위하여 경제적 제약 없이 누구나 양질의 교육을 받을 수 있도록 한다는 취지에서 운영되는 것입니다. 이러한 사회통합전형에는 여러 가지가 있습니다. 특히 고등교육의 기회를 보장하기 위해 고등학교와 대학입시에서 이들을 우선적으로 선발하는 제도가 대표적입니다.

고등학교 입시에서는 2010년부터 과학고, 외국어고, 국제고 등에서 입학생을 선발할 때 사회통합전형을 도입하여 운영하였습니다. 사회

사회통합전형 자격 기준

종류	자격 기준
장애인	각종 장애 또는 지체로 인하여 특별한 교육적 요구가 있는 자로서 대학의 장이 정하는 자
농어촌학생 특별전형	① 학생 본인이 농어촌 소재지 학교에서 중·고 전 교육과정을 이수하고 농어촌 지역에 학생과 부모 모두가 거주하는 유형(유형Ⅰ) ② 학생 본인이 농어촌 소재지 학교에서 초·중·고 전 교육과정을 이수하고 농어촌 지역에 거주하는 유형(유형Ⅱ)
특성화고교 졸업자	특성화고등학교는 특성화고 및 특성화고와 같은 교육과정을 운영하는 학과가 있는 일반고(종합고)를 의미함
특성화고 등을 졸업한 재직자	일정 요건을 모두 갖춘 사람으로서 산업체에 재직 중인 사람
기초생활수급자, 차상위계층, 한부모가족지원대상자	①「국민기초생활 보장법」제2조제1호에 따른 수급권자 ②「국민기초생활 보장법」제2조제10호에 따른 차상위계층 ③「한부모가족지원법」제5조 및 제5조의2에 따른 지원대상자
국가보훈대상자	'국가보훈' 관련 희생·공헌자와 그 유족 또는 가족으로서 국가보훈관계 법령의 적용대상자가 되어 예우 및 지원을 받는 사람

통합전형은 고등학교 입학 정원의 일정 비율을 국가적으로 보호가 필요한 학생에게 사전에 배려하는 제도로, 전체 입학정원의 20% 이상을 선발하고 있습니다. 대학입시에서도 사회적배려대상자 등을 선발하는 특별전형이 있으며, 전형별로 지원 자격에 해당하는 경우만 지원할 수 있습니다.

사회적배려대상자 등을 대입 모집 인원에 일정 비율을 포함하는 '사회통합전형'이 법제화되어 의무 시행되고 있습니다. 사회통합전형 선발대상은 국가보훈대상자, 장애인, 저소득층(한부모가족보호대상자,

소년·소녀가장, 조손가정, 다자녀가정 자녀 등), 농어촌학생, 지역인재, 만학도, 특성화고 졸업자 및 재직자, 서해5도 학생, 북한이탈주민 등이 있습니다.

사회통합전형의 특징

기회균형선발대상자 전형은 기회균형 지원 자격 중 2개 이상의 지원 자격을 선정하여 학생들을 통합 선발하는 전형으로 정원 내 선발이 원칙입니다. 기회균형선발대상자 전형의 자격 기준은 각 대학이 자율적으로 결정하나 거의 모든 대학이 '국가보훈대상자'와 '기초생활수급자 등'을 우선적으로 포함하고 있습니다. 특히 서울 소재 최상위권 대학들이 대부분 기회균형 정원 외 전형을 정시에서 선발하기 때문에 기회균형 대상 학생들이 가장 주목해야 할 전형이기도 합니다.

농어촌학생 특별전형은 지원 자격에 유의해야 한다

농어촌학생 특별전형의 지원 자격은 농어촌지역 소재 중·고등학교에서 6년 동안 모든 교육과정을 이수하고, 본인과 부모가 모두 농어촌지역에 거주한 자(유형I)와 농어촌지역 소재 초·중·고등학교에서 12년 동안 모든 교육과정을 이수하고, 초·중·고등학교 재학기간 중 지원자 본인이 농어촌지역에 거주한 자(유형II)입니다. 읍·면 소재 특수목적고등학교(과학고, 외국어고, 예술고, 체육고)는 제외됩니다. 유형I과 유형Ⅱ를 모두 인정하는 대학이 다수이지만, 일부 대학은 특정 유형만 인정하기도 합니다.

전형 명칭이 통일되지 않아 꼼꼼하게 체크해야 한다

기초생활수급자, 차상위계층, 한부모가족지원대상자 특별전형은 지원 자격이 「국민기초생활 보장법」에 따른 수급권자나 차상위계층 또는 「한부모가족지원법」에 따른 지원대상자에 해당하는 사람입니다. 서울 소재 최상위권 대학은 다른 기회균형전형과 비슷하게 정시에서 선발하는 인원이 많아서 수능에 대한 대비가 필요하며 기회균형선발대상자 전형과 마찬가지로 전형 명칭이 통일되지 않아(고른기회, 기회균등, 기회균형, 사회배려자, 저소득층 등) 모집 요강을 꼼꼼하게 읽어 보아야 합니다.

특성화고교 졸업자 특별전형의 지원 자격은 「초·중등교육법시행령」 따른 특성화고등학교 졸업(예정)자로서 고등학교에서 이수한 학과와 대학 지원 모집 단위 학과(전공)가 동일계열인 자입니다. 단, 동일계열 여부를 판단하기 어려운 경우에도 특성화고등학교에서 지원 모집 단위와 관련된 전문교과를 30단위 이상 이수하였음을 증빙하는 「동일계열확인서」를 제출하면 지원 가능합니다. 하지만 마이스터고, 종합고 '보통과', 학력인정 평생교육시설 졸업(예정)자는 지원이 불가합니다.

장애인 등 대상자 특별전형의 지원 자격은 각종 장애 또는 지체로 인하여 특별한 교육적 요구가 있는 자로서 대학의 장이 정하는 자입니다. 전형 취지에 부합하는 평가 요소 및 평가 방법(장애의 정도, 교육환경 등 고려) 등을 도입하여 중증 장애 학생 등을 선발에서 배제하지 않습니다.

사회통합전형의 준비 방향

입시의 지름길이 될 수 있다

과학고, 외국어고, 국제고 등에서 입학생을 선발할 때 사회통합전형은 거의 미달 수준입니다. 학업 의지와 학업 능력이 있으나 개인적 사정 때문에 특목/자사고 등에 지원이 힘든 학생의 경우 장학금 혜택과 각종 지원을 받으며 생활할 수 있습니다. 대학입시에서도 상대적으로 낮은 경쟁률로 도전이 쉬울 수 있습니다. 사회통합전형대상자 중에서 공부에 뜻을 두고 노력하여 그만큼의 성과를 보이는 학생에게는 큰 기회가 될 수 있습니다.

사회통합전형 합격보다 적응이 힘들 수 있다

사회통합전형을 통한 특목/자사고 입학은 합격보다 적응이 어려울 수 있습니다. 체계적인 준비 없이 진학했을 경우 부정적 파장 때문에 중도에 그만둘 수도 있습니다. 좋은 교육환경에 무조건 데려다 놓는다고 다 잘할 거라 생각해서는 안 됩니다.

특목고 입학은 본인의 준비 정도와 의지를 잘 파악해야 합니다. 또한 사회통합전형 지원자들이 남들보다 어려운 여건이지만 진학 후 적응을 위해서는 미리 계획을 세워 준비하고 남다른 각오를 가지고 해야 합니다. 누구나 아는 바처럼 준비 정도와 고등학교 적응은 비례합니다.

대학도 마찬가지입니다. 기초가 부족하여 학업을 수행하기 어려워 졸업을 못하는 경우도 다반사입니다. 장기적인 계획을 가지고 기초학문 소양을 쌓아야 합니다. 자기주도적으로 활동하고 잘 적응하면 최고의 선택이 될 수도 있고, 그 반대일 수도 있습니다.

CHAPTER 7

결국 학종을
입시의 중심에 두어야
성공한다

학종이 궁금하다

학생부종합전형을 왜 입시의 중심에 두어야 하는가?

2028학년도 대학입시개편안에도 정시 40% 기조가 변함없이 유지되고 있습니다만 학종은 이미 대입전형의 가장 중요한 축으로 자리 잡았고 이러한 기조는 앞으로도 변함이 없을 것입니다. 왜 학종을 입시의 중심에 두어야 하는지 짚어 보고자 합니다.

첫째, 학종을 준비하기가 더욱 쉬워졌습니다. 우리나라 입시 특성상 대부분의 재학생은 학종과 정시를 함께 준비하고 있지만 예전에는 학종이냐 정시냐의 이분법적인 사고가 어느 정도 설득력이 있었습니다. 정시를 준비하며 학교 내신은 기본이고 각종 비교과를 준비하는 부담이 적지 않았기 때문입니다. 여기에 최상위권 학생들은 논술까지 준비하는 경우도 많았습니다.

지금은 수업에만 충실해도 학종 준비가 가능합니다. 확 바뀐 학종에서 내신이냐 수능이냐를 선택하는 것은 어리석은 일입니다. 이제는 거의 모든 고등학교가 내신 시험을 수능 유형으로 출제하여 수능 준비와 내신 준비가 별반 다르지 않습니다.

둘째, 학종의 영향력은 절대 줄어들지 않습니다. 서울 소재 상위권 대학이 가장 좋아하는 전형이기 때문입니다. 지방은 대개가 학생부교과위주전형(60.7%, 2025학년도 기준)입니다. 하지만 서울 소재 주요 대학의 학생부교과위주전형은 11.0%에 불과한 반면에 학종은 33.8%를 차지하고 있습니다.

학종의 영향력은 절대 줄어들지 않는다.

셋째, 학종은 재학생 위주의 리그입니다. 반면에 정시는 재수생들이 강세입니다. 우수한 재수생, 더 나아가 N수생들이 거의 독차지합니다. 재학생들에게 정시에 강한 재수생들과 경쟁 없이 좀 더 쉬운 합격 전략이 학종인 것입니다. 고등학교 2학년이 되면 학종파와 정시파로 나누어집니다. 대개 학생부가 충실한 경우, 특히 내신 성적이 높은 학생들은 학종을 통한 선택의 폭이 넓습니다. 반면에 내신 확보에 실패한 경우 어쩔 수 없이 정시에 올인하게 되는 것입니다.

하지만 이것 역시 내신 확보에 실패한 특목/자사고 학생들이 경쟁력을 갖습니다. 내신 확보에 실패한 일반고 학생들을 위한 몫은 거의 없습니다. 더군다나 정시 확대 정책으로 재수생 수가 급격히 증가하고 있습니다. 실제로 강남, 분당 등의 지역이 정시 강세지역이라기보다는 그곳에 재수생이 많고 재수생이 선택할 수 있는 전형이 정시와 논술뿐이어서 정시에 강한 것처럼 보이는 것입니다.

학종 비율과 비중도 점차 늘어날 것이다.

넷째, 2028학년도 입시 개편은 고교 내신 5등급제로의 변화, 킬러문항 배제로 내신과 수능의 변별력이 떨어질 수밖에 없습니다. 따라서 대학에서는 가장 우수한 학생들의 선발이라는 목표를 위하여 지원생들의 고등학교생활을 중요한 준거로 판단할 것입니다. 고교학점제로 학교와 학생의 수준을 쉽게 판단할 수 있어 앞으로 학종의 비중이 높아질 것입니다. 학생의 입장에서도 학종을 입시의 중심에 두면 고등학교생활이 흔들리지 않습니다. 입시는 수능, 내신, 충실한 학교생활을 함께 할 때 성공 확률이 높습니다.

대입 정책 변화를 고려하여 전략을 수립해야 하지만 너무 민감하게 반응하는 것은 약이 되기보다 오히려 독이 될 수도 있습니다. 학종의 영향력은 절대 줄어들지 않는다는 점을 명심하며 입시 전략을 세워야 합니다.

학생부종합전형을 언제부터 준비해야 하는가?

학생부종합전형에서 성과를 거두려면 중학교 때 학종에 대한 개념이 정립되어 있어야 합니다. 특목고 학생들은 이미 특목고 입시를 통해 한 번 경험한 것이 큰 힘이 됩니다. 학교생활기록부에 관심을 가지고 학생부를 어떻게 설계해야 할지 계획을 세우게 됩니다. 자기소개서를 써 보면 가령 진로나 동아리, 독서활동 등이 부족했던 것을 알게 됩니다. 그러한 경험을 바탕으로 모든 것을 미리 신중하게 준비하게 되는 것입니다.

학종으로 대학을 갈 수 있는가의 여부는 대개 고1 때 결정됩니다. 그런데 고등학교에 입학하여 적응도 하지 못한 상태에서는 중간고사와 동아리 선정, 각종 행사 등으로 학종에 대한 준비를 체계적으로 하지 못하는 것이 사실입니다.

실제로 학종으로 대학 가기는 쉽지 않습니다. 학종으로 뽑는 대학은 대부분 상위권 대학입니다. 여기에 경쟁률도 높아 각 고등학교에서 대부분 상위권 학생들만 지원한다고 보면 됩니다. 물론 모든 대학에서 학종을 통해 모집하고 있지만 상위권 대학에 들어가고자 한다면 사전에 철저한 준비가 필요합니다. 수능처럼 점차 실력을 키워 치르는 시험이 아닙니다. 1학년부터 3학년 1학기까지 빈틈없이 준비해야 가능하다고 생각하면 됩니다.

학종의 성패 여부는 고1 때 결정된다

특히 1학년 때 결정된다고 하는 이유는 대개 고1 1학기 성적에 따라 학교 차원에서 학생부 관리 정도가 다르다고 생각하기 때문입니다. 학교 차원에서 관리를 받는 정도가 되어야 학종으로 목표로 하는 과녁을 뚫을 수 있습니다. 또한 학종에 대한 정보나 이해도가 낮아 가령 독서활동이나 교과 세부능력 및 특기사항을 부실하게 관리했을 때 치명적일 수 있기 때문입니다.

대학에서는 학생부 내용이 150%나 200%로 부풀려져 있지 않나를 의심할 뿐 학생 본인의 부주의 등으로 수준 낮게 기재되어 있는 것은 그대로 믿어 줍니다. 1학년 때 내신이나 비교과의 한계를 극복하고 2학년 때 성장한 모습도 대학에서는 매우 좋다고 하지만 실제로는 양호한 정도로만 평가한다고 보면 됩니다.

학생부종합전형으로
중상위권 대학에 갈 수 있는 내신 성적은 어느 정도인가?

가장 많이 받는 질문입니다. 그 누구도 답을 할 수 없는 질문이기도 합니다. 학종은 내신뿐 아니라 다양한 전형 요소를 바탕으로 하기 때문입니다. 질문 자체가 말이 안 되지만 궁금증을 해결하기 위하여 그나마 고등학교를 다양한 방법에 의해 분류하면 어느 정도까지는 설명이 가능합니다.

우리나라 고등학교는 대개 대학 입학 성적 기준에 의해 서열화되어 있습니다. 영재학교, (상위권)과학고, 전국단위 자사고, 외고/국제고, 강남권 자사고, 지역 명문고, 서울·경기지역 일반고 그리고 가장 낮은 위치가 보통 수준의 지방 일반고입니다.

이들 고등학교는 대개 몇 가지 형태로 분류됩니다. 대입 성적이 우수한 학교는 일반고보다 우선해 실력 있는 학생들을 먼저 싹쓸이해 갑니다. 다른 하나는 부유한 지역의 학교, 그리고 지역 강자를 자처하는 학교 등입니다.

입시 결과도 대개는 이에 준하여 나타나고 대학에서 학종으로 뽑을 때도 이러한 상황을 고려합니다. 대학에서는 어떻게든 가장 우수한

학종으로 대학 가기 위한 고교별 내신 분류

구분	고등학교	서울대 합격자 수 (대략)	중상위권대학 진학 가능 등급
A그룹	영재학교, (상위권)과학고, (상위권)전국단위 자사고, (상위권)외고, (상위권)강남 자사고	15명 이상	5등급대
B그룹	(중하위권)과학고, 외고·국제고, 강남권 고등학교, 전국지방 명문고, (상위권)분당지역 고교, (중위권)전국단위 자사고	8~15명	4등급대
C그룹	지역명문고, (지방)외고/국제고	3~8명	3등급대
D그룹	수도권 일반고	1~3명	2등급대
E그룹	지방 일반고	0~1명	1등급대

주) 내신 9등급제를 기준으로 분류함.

학생을 선발해야 하기 때문에 대외적으로는 절대 아니라고 하지만 고교프로파일을 통해 공식적으로 고등학교를 차별화하는 것입니다.

앞 페이지의 표는 조금 위험한 접근이지만 전략을 수립하는 데 도움이 될까 하여 대략적으로 구분을 해 봤습니다. 서울지역 중상위권 대학을 진학할 수 있는 대략적인 최저 내신 기준을 보면 A그룹은 5등급대, B그룹은 4등급대, C그룹은 3등급대, D그룹은 2등급대, E그룹은 1등급대 정도까지로 보면 될 것 같습니다.

물론 이러한 분류는 설명을 쉽게 하기 위하여 지금까지의 경험을 토대로 필자가 임의로 구분한 것입니다. 즉 "학종으로 서울지역 중상위권 대학에 내신 몇 등급까지 가능한가요?"라는 질문에 대한 대략적인 답변입니다. 본인이 어느 그룹에 속해 있는지 파악한 후에 전반적인 계획을 세워야 합니다. 표에 제시한 등급은 본인이 속한 고교에서 최소한의 요건이라고 보면 됩니다.

학생부종합전형에서 내신 성적의 영향력은 어느 정도인가?

학종을 준비할 때 가장 중요한 요건은 내신이라 생각하면 됩니다. 대학에서는 여러 가지 평가 요소 중 가장 객관적인 자료로 내신 성적을 판단합니다. 물론 내신도 출신고교에 따라 다른 기준으로 본다는 것을 전제로 합니다. 첫째도 둘째도 내신 관리라는 생각을 해야 합니다. 여기에 어떤 교과를 선택해서 어떤 내용으로 공부하고 평가받았는지에 대한 교과 세부능력 및 특기사항을 확인합니다.

학종에서 가장 필수적인 전제조건을 꼽자면 '내신 성적 관리'와 '학교생활기록부 관리'일 것입니다. 특히 개정 학생부에서는 교과활동에 대한 중요성이 더욱 강조됨에 따라 교과와 연계한 활동에 더 많은 고민이 필요합니다. 전공적합성이나 독서, 학업역량, 발전가능성 등 모든 분야를 교과를 중심으로 판단합니다.

내신 성적이 좋으면 교과 세부능력 및 특기사항, 행동특성 및 종합의견 등을 신뢰하게 됩니다. 하지만 내신 성적이 받쳐 주지 않으면 일단 다른 분야의 판단에 신뢰성이 떨어지게 됩니다. 일선 고등학교에서도 이러한 상황을 알고 있기 때문에 1학년 1학기 내신을 보고 밀어주기를 하는 것입니다. 실제로 고1 1학기 시험을 망쳐서 학종을 포기했다고 말하는 학부모들도 있습니다.

모든 신 중에 가장 높은 신은 내신!

"고교 내신이 5, 6등급(9등급제 등급 기준, 2025학년도부터 5등급제로 바뀜)도 가능성이 있을까요?"

평범한 일반고 5, 6등급이라면 학생부종합전형은 포기하고 다른 방도를 찾는 것이 좋습니다. 위의 질문에 대한 입학사정관들의 가장 일반적인 답변은 "학생부종합전형은 학생부 교과(내신 성적), 학생부 비교과, 각종 활동 등을 종합적으로 평가하기 때문에 내신등급만 가지고 합격 가능성을 판단할 수 없습니다."입니다.

이러한 대답은 잘못된 환상을 심어 줍니다. 대학들이 입시 결과를 발표할 때 내신 5, 6등급 학생이 합격했다느니, 심지어는 8등급 학생이 서울 소재 최고의 사립대에 합격했다느니 하는 이야기가 나옵니다. 물론 사실이겠지요. 수천 명 중의 한 명일 것입니다. 아주 특이한 경우이지요. 실제 7, 8등급의 학생들이 '나도 가능성이 있구나.'라고 생각하는 경우는 거의 없을 것입니다. 문제는 일반고 3, 4등급 학생들입니다. 이 학생들은 환상을 갖습니다.

학종이 내신을 포함하여 비교과를 정성적이고 종합적으로 평가하는 입시 형태이지만 모든 판단의 중심에는 내신, 더 나아가 교과 세부 능력 및 특기사항이 있다는 것을 명심하기 바랍니다. 물론 내신만 좋다고 되는 것도 아닙니다. 지원자의 학교 수준(유형), 지원학과에 따른 과목별 중요도, 과목의 난이도 등 고려사항이 많습니다만 이 모든 것을 포함한 내신이 기본이라는 겁니다. 학종은 모든 것을 잘해야 뚫을 수 있는 전형이자 가장 우수한 지원자끼리의 경쟁입니다.

어떤 학생이 학생부종합전형에 적합한가?

"고등학교 교육과정을 충실히 따르고 있는 학생, 자기주도적이며 주어진 환경 속에서 최선의 노력을 다하고 있는 학생, 타인과의 관계를 원만히 하고자 노력하며 성실함이 돋보이는 학생이라면 누구나 학생부종합전형에 적합한 지원자라고 볼 수 있습니다. 고등학교 기간 동안 열심히 공부하고, 공부 이외의 교육과정에도 적극적으로 참여하며 주위 사람들에게 관심을 기울이고, 자신의 진로를 고민해 보고 그것을 위해 주도적으로 노력한다면 학생부종합전형에 적합한 학생이라고 할 수 있습니다."

6개 대학 입학사정관이 한 말입니다. 물론 틀린 말은 아닙니다. 다 좋은 이야기이고 원칙적인 말입니다. 한마디로 이야기하면 완벽한 인간입니다. 좀 더 현실적으로 이야기하겠습니다. 학종으로 들어갈 수 있는 대학은 대개 서울의 중상위권 대학입니다. 경쟁률도 상당히 높습니다.

학종은 사실 모든 것을 잘해야 들어갈 수 있는 전형이다

대개 전문가들은 학종은 모든 것을 잘해야 들어갈 수 있는 전형이라고 이야기합니다.

첫째, 학업 성적이 우수해야 합니다. 상위권 대학이나 의·치·한의 경우에는 1등급 초반대의 성적을 내야 하고, 서울·경기지역 대학은 일반고 기준 3등급까지, 우수한 특목고의 경우 4·5등급까지가 해당된다고 봐야 합니다. 특히 고1 1학기 시험이 중요합니다. 대개는 이 성적이 좋아야 학교에서 신경 써서 비교과를 관리해 줍니다. 일단 성적이 받쳐 줘야 살아남는다고 보면 됩니다.

둘째, 비교과를 탁월하게 준비해야 합니다. 꼼꼼한 학생부 관리는 가장 기본입니다. 전공에 대한 고민을 입학 전에 끝내고 전공 영역에 맞추어 내신 성적, 동아리, 독서 등에서 성과를 거두어야 합니다.

셋째, 수능 준비도 철저하게 해야 합니다. 학종은 경쟁률이 상당한 데다가 합격에 대한 정확한 기준이 없어 불확실성이 너무 크기 때문입니다. 학종을 준비한다는 것은 상위권 대학을 노린다는 것인데 합격률이 떨어지므로 수능을 함께 준비하는 것이 일반적입니다. 물론 수능최저학력기준이 있는 대학에 지원하려면 반드시 일정 정도 이상의 수능 성적이 나와야 합니다.

이러한 어려움에도 학종을 선택해야 하는 이유는 상위권 대학입시에서 학종의 비율이 상당히 높고, 잘 준비하면 본인의 실력(수능 성적을 기준으로)보다 1~2단계 높은 대학에 진학이 가능하기 때문입니다.

학생부 내용을 학생이 써 준 대로 기록하는
학교들이 있다는데 사실인가요?

학교생활부 내용을 학생이 써 준 대로 기록하는 학교들이 있다는 것은 사실입니다. 이것은 몇몇 학교나 교사에만 해당하는 것이 아니라 전국적으로 광범위하게 이루어지는 내용입니다. 특목/자사고에서는 오래전부터 일상적으로 벌어지고 있었고, 사립고와 일반 국공립학교에서도 내신 성적이 좋은 학생들은 대부분 학생이 써 준 것을 그대로 기재해 주는 것이 일반적입니다. 사설 학원을 통해 내용이 마련되기도 하죠. 이러한 상황은 학종에 대한 정부나 대학의 연구(건국대학교 외, 2019; 경기도교육연구원, 2017; 차정민, 2016)에서도 잘 나타나 있습니다.

학생이 작성하여 제출한 내용을 그대로 기재하는 행위는 위법이다.

이러한 행위에 대해 교육부나 교육청에서도 계속 공문을 보내어 주의를 주고 있습니다. 이같은 관행은 학종 초기에 실적을 높이고자 몇몇 고등학교에서 전문 컨설팅을 받으며 시작되었습니다. 학교 차원에서 조금만 관리해 주면 학생부가 훨씬 좋아지거든요. 학종이 학교 간의 싸움이라는 말이 이런 것에서 시작되었습니다. 스터디 플래너, 자기주도학습장 등 다양한 이름으로 아예 학교 차원에서 기록하게 하고 이것을 제출하여 기록하는 편법을 쓰기도 합니다.

학교생활기록부의 법적 근거에 따라 교육부에서 발행하는 「2023학년도 학교생활기록부 기재 요령」의 학교생활기록부 작성 시 유의사항에 의하면 '학교생활기록부 서술형 항목에 기재될 내용을 학생에게 작성하여 제출하도록 하는 행위금지'를 명시하고 있음에도 대부분의 고등학교에서 관행처럼 굳어져 시행하고 있습니다. 사실 이것은 학생들을 범죄자로 만드는 일이며, 이런 문제로 오히려 법을 지키는 학생들이 피해를 보고 있는 실정입니다. 법적인 조치와 해결 방안이 필요한 상황입니다.

Q&A

학교가 학종 준비에 너무 열악한 경우
어떻게 해야 하나요?

학생이 다니는 학교에 특히 본인의 전공과 관련하여 동아리, 진로체험 등 전공과 직접적으로 관련된 기반이 매우 부족한 경우가 있습니다. 예를 들어 생명과학 전공을 희망하지만 관련 실험 동아리, 실험기구가 부족하거나 심지어 생명과학II 과목이 개설되지 않는 경우도 있습니다.

적극적으로 역경을 이겨 낸다면 더 큰 성과가 있을 수도 있습니다. 다른 방법으로 생명과학 심화교과를 이수하거나 생명과학 교과 수업시간에 담당 선생님과의 상담 등을 통해 극복하려는 노력을 보일 수도 있습니다. 생명과학 수업이 아니더라도 영어 교과 시간에 생명과학 분야 영문기사를 찾아보거나 윤리 교과 시간에 생명과학 발전에 따른 윤리 문제를 토론해 보는 것도 어려운 상황을 극복하기 위한 활동이라고 볼 수 있습니다.

교육지원청에서 개설한 공동교육과정, 온라인 교육과정, 소인수 과목 등을 잘 찾아보고 적극적으로 활용하는 것도 하나의 방법이 될 수 있습니다. 어려운 환경, 기반이 부족한 곳에서 일군 성과는 2배로 평가받는다는 것을 명심하세요. 학종은 어려운 환경을 극복한 과정이나 이를 통해 이룬 성과, 문제점을 적극적으로 해결하기 위해 노력한 부분에 주목합니다. 자기주도성, 창의적 문제해결력, 인성 등에서 오히려 더 높은 평가를 받을 수도 있습니다.

"학교의 프로그램이 우수함에도 불구하고 프로그램을 제대로 활용하지 못한 학생보다는 학교 상황이 열악하지만 자신의 노력으로 이를 극복하고 일정한 성취를 이룬 학생을 더 높게 평가할 수 있습니다. 학생부종합전형에서는 학교가 아니라 학생을 평가하기 때문에 주어진 교육환경을 극복하거나 이를 제대로 활용할 수 있는 학생이 높은 평가를 받을 수 있습니다."(6개 대학 입학사정관)

주어진 여건에서 최선을 다하여 성과를 내는 경우, 생각보다 좋은 결과를 얻을 수 있다는 것에도 주목해야 합니다. 대학은 적극적으로 역경을 이겨 낸 경우를 더 높이 평가합니다. 어려운 환경, 기반이 부족한 곳에서 일군 성과는 2배로 평가받기도 한다는 것에 주목하세요.

학교생활기록부를 장악하라

교과 세부능력 및 특기사항을 업그레이드하는 방법

학생부 전체에서 가장 비중 있는 부분이 교과학습발달상황의 세부능력 및 특기사항이라는 것에는 이론의 여지가 없고 몇 번 반복하여 말했습니다. 입학사정관이 가장 관심을 가지고 읽는 것이 교과 세부능력 및 특기사항입니다. 이 난에는 특기할 만한 사항이 있는 과목 및 학생에 대하여 과목별 성취기준에 따른 성취수준의 특성 및 학습 활동 참여도 등을 문장으로 입력합니다. 우선 모든 교과목에 '특기할 만한 사항'이 있도록 해야 합니다. 다음에 몇 가지 방법을 제시합니다.

첫째, 모든 '수행평가'는 교과세특에 기재될 수 있는 가장 핵심적인 소재 중 하나입니다. 특정 주제에 대해 발표하거나 보고서를 제출하는 수행평가가 있었다면 수행평가 과정에서 느낀 점이나 독창적이고 우수한 내용을 발표한 후 선생님께 칭찬받은 상황을 메모하는 것도 좋은 방법입니다. 수행평가 과제 제목을 만들 수 있다면 좀 더 멋지게 표현해 보는 것도 필요합니다.

학종은 기본적으로 학생부를 잘 디자인하는 것입니다. 그런데 선생님들이 학생들의 독창성이나 우수성, 학생이 개인적으로 기울인 노력을 찾아서 기록하기는 쉽지 않습니다. 이것을 선생님이 알도록 해야 합니다.

명심할 사항은 대부분의 선생님이 하는 것처럼 평범한 칭찬을 하거나 단순하게 관찰한 '태도' 위주의 기록으로는 성과를 얻기 어렵다는 것입니다. 학생의 뛰어난 '학업역량'이 드러나도록 하는 것이 가장 중

세부능력 및 특기사항 기재 요령

가. '세부능력 및 특기사항'란은 학생참여형 수업 및 수업과 연계된 수행평가 등에서 관찰한 내용을 입력하고, 입력대상 범위는 교육적인 차원을 고려하여 학업성적관리위원회의 심의를 통해 정한다.

※ 과목별 특기사항은 교과담당교사가 교육정보시스템의 [성적]-[성적처리]-[과목별 세부능력 및 특기사항]에서 학기별로 입력할 수 있으며……

※ 지필평가와 수행평가 결과를 토대로 과목별 성취기준에 따른 성취수준의 특성 및 참여도·태도 등 특기할 만한 사항을 구체적이고 객관적으로 입력함.

자료: 교육부(2023). 2023 학교생활기록부 기재 요령

요합니다.

둘째, 교과세특에 '교과목 학습 내용과 관련한 독서활동 내용을 기록하는 것'은 대학의 평가에 상당히 유리할 것입니다. 독서활동 기재 요령이 바뀌었습니다. 대입에 미반영하는 대신 교과세특에 녹여 냈을 때 엄청난 위력을 발휘합니다.

중요한 점은 책 내용 중심으로 나열하는 것이 아니라 수업과의 관련성 및 수업을 넘어선 탐구활동으로 발전시킨 모습을 기록하는 것입니다. 선생님이 수업 중에 관찰한 모습으로 기록되어야 하니 이 점에 유의해야 합니다.

학생의 탐구활동 중 노력한 내용이나 발전한 모습을 관찰하는 것만으로는 설득력을 얻기 어렵습니다. 반드시 구체적인 사례나 성과물, 증명할 만한 자료를 제출하여 선생님이 구체적으로 실행할 수 있도록 해야 합니다.

교과 세부능력 및 특기사항은 변함없이 가장 비중 있는 영역이다.

셋째, 뛰어난 '학업역량'을 구체적으로 드러낼 수 있게 해야 합니다. 한 선생님은 다음과 같은 전략을 제시합니다('교과세특, 어떻게 적을까', brunch.co.kr/@googeo/4). "입학사정관은 항상 학생의 '학업 능력'을 찾고자 한다는 것을 명심해야 합니다. 학종은 학생의 지적 성장을 강조하는데 그 내용의 경우 수업으로 인한 긍정적인 변화를 가리키는 듯

합니다.

그렇다면 수업 전-중-후를 고려하며 학생의 눈에 띈 변화와 성장을 기술하면 좋겠지요. 학생이 어떤 노력을 어떻게 기울였느냐에 따라 다양한 방식과 내용으로 서술할 수 있을 것입니다. 단, 이때도 '결과'에 치중한 기술이 되지 않도록 주의해야 합니다.

모든 학생에게 지적 성장이 일어나지는 않으므로 성장 내용보다 '태도' 위주로 기록하는 경우가 많습니다. 그러나 '태도' 위주의 서술로는 성취도가 높은 학생에게서 찾으려는 것을 드러내지 못하는 경우가 있습니다.

평가자는 학생의 '능력'을 찾고자 합니다. 그러므로 이를 직접적으로 노출하는 것이 도움이 될 것입니다. 이때의 '능력'은 사례에 대한 단순한 나열보다는 평가자가 알아보기 쉽게 특정 역량을 개념화한 것입니다. 예를 들어 '합의된 의견을 도출하는 능력', '밝은 분위기를 조성하는 능력', '지적 탐구 계획을 잘 수립하는 능력', '잘 공감하는 능력' 등과 같이 말이지요. 우수하다는 표현을 하려면 명확한 근거가 있어야 합니다."

넷째, 기록하지 말아야 할 것과 기록을 용인하는 것의 경계를 잘 공략합니다. 교육부의 학교생활기록부 기재 요령과 실제 기재에는 상당한 차이가 있습니다. 교육부에서 하지 말라는 것을 했을 때 큰 성과로 이어지니 고등학교에서는 불법이 만연해 있는 것이 현실입니다. 학생이 기재될 내용을 써 내는 것은 사실 불법입니다. 사교육 컨설팅에서 주로 핵심 내용으로 다루는 방법이기도 합니다.

설사 선생님이 조금 과하게 직설적으로 써 주었다고 해도 대학이 지원자에게 큰 불이익을 주지 않는 것이 현실이기도 합니다. 이 경계에 있는 대표적인 사례가 주로 수상 내역인데 직접적으로 쓰지 않고 소위 '잘 녹여 낸다.'는 표현을 씁니다. 학교에서도 노하우를 공유하고, '이렇게 쓰면 괜찮은가?' 하며 서로 상의도 하고 연구도 합니다.

교과학습발달상황의 '세부능력 및 특기사항'란 입력 불가 항목
다. 교내상은 학교생활기록부 수상경력에만 입력하며, 수상경력 이외의 어떠한 항목에도 입력하지 않는다(창의적체험활동상황, 교과학습발달상황의 '세부능력 및 특기사항' 및 '특기사항', 자유학기활동상황, 행동특성 및 종합의견 등).
※ 시상 계획이 있는 각종 교내대회와 행사의 준비 과정 및 참가 사실은 학교생활기록부 어떠한 항목에도 입력하지 않음.
※ '대회'라는 용어는 수상경력을 제외한 학교생활기록부 어떠한 항목에도 입력하지 않음.

공인어학시험(토플, 토익, 텝스 등) 성적, 각종 교내·외 인증 내용은 절대 기록해서는 안 됩니다. 하지만 교내·외 대회 관련 내용(대회 준비 및 수상 관련), 논문(학회지), 도서 출간, 발명특허 관련 내용, 모의고사 관련 내용, 방과후교육활동(2019년 1학년부터 입력 금지) 등이 녹여 내는 대상이 됩니다.

대회와 관련하여 대회의 명칭을 단순행사로 변경하여 입력하거나 자율탐구활동으로 작성한 소논문 관련 내용, 탐구보고서 등을 기재

하는 편법적 행위 등이 일어나고 있습니다. 좀 더 명확한 기재 요령과 제재 조치가 필요한 실정입니다. 지시사항을 그대로 따르는 학생들만 피해를 보는 격입니다.

학종에서 독서활동을 최고로 만드는 전략

대학은 독서를 통하여 학생의 학업역량과 발전가능성 등을 파악하려 합니다. 수준 있는 다양한 독서를 통하여 '독서를 좋아하는 수준'에 이르렀음을 보여 주어야 합니다. 물론 독서활동상황을 교과세특, 행동특성 및 종합의견, 동아리활동 등에 잘 포장하여 기록하는 것도 중요합니다. 다음은 독서활동의 핵심적인 전략입니다.

첫째, 독서기록장, 독서 포트폴리오 등을 쓰는 습관을 갖도록 합니다. 독서기록장 없이 학종을 뚫는다는 것은 생각할 수 없는 일입니다. 독서기록장을 토대로 교과담당 선생님과 담임 선생님의 도움을 받아 긴밀하게 관리해야 합니다. 그리고 기말고사가 끝난 후에는 독서기록장에 정리되어 있는 교과목별 독서활동상황을 교과담당 선생님께, 그밖의 독서 내용은 담임 선생님께 드려야 합니다.

독서 내용을 교과 세부능력 및 특기사항에 기록하는 것이 중요하다.

둘째, 입학사정관이 가장 중요하게 보는 부분은 교과세특입니다. 무엇보다 중요한 것은 독서활동 내용을 수업과 관련되거나 지원하려는 모집 단위와 관련된 교과세특에 기록하는 것입니다. 수업에서 부족함, 궁금함을 느끼거나 좀 더 폭넓게 공부하고 싶어 독서로 발전시킨 모습이 좋은 평가를 받습니다.

셋째, 독서의 방향도 2가지 방법으로 하여야 합니다. 폭넓은 독서와 전공과 연관된 독서입니다. 독서를 통해 대학은 지원자의 학업 능력과 전공적합성 등을 평가하게 됩니다. 특히 지금은 융합적 사고력을 강조하는 시대입니다. 융합적 사고력은 다양한 분야의 독서를 통해 길러집니다. 따라서 폭넓은 독서를 하면서도 전공과 관련한 독서가 두드러지게 보이도록 설계하는 것이 중요합니다.

넷째, 독서활동은 고등학교별로 가장 수준 차이가 심하게 나타납니다. 특목고의 경우는 합격자 발표와 함께 입학 전까지 읽어야 할 상당한 양의 독서 과제가 주어집니다. 학교 차원에서 전문가들이 학종을 대비한 수준 높은 독서목록을 준비해 놓습니다.

다섯째, 독서의 양도 확보되어야 합니다. 독서목록을 대학에 제시하지 않는다고 소홀히 여겨서는 안 됩니다, 과거 SKY 합격자는 한 학기 평균 10권 이상, 서·성·한·중·경·외·시·이 합격자는 10권 정도, 건·동·홍·숙은 8권 정도, 서울 소재 기타 대학의 경우는 6권 정도로 독서를 했습니다. 이 정도의 양이 평균이기에 좀 더 어필하려면 당연히 평균 이상을 보여 주어야 합니다.

여섯째, '어느 정도 수준의 책을 읽어야 할까요?' 당연히 수준 있는 책이어야 됩니다. 이 기준은 '각 대학의 신입생 권장도서'라고 보면 됩니다. 가령 서울대, 고려대, 연세대 등 각 대학은 '필독 권장도서 100'이 있고 조선일보, 정독도서관, 한국과학창의재단 등에서 선정한 우수도서목록이 있습니다. 각 대학의 '신입생 권장도서'가 독서 수준의 기준입니다. 특히 학종으로 상위권 대학 진학을 목표로 하는 경우는 서울대의 독서활동 요구수준을 따라야 합니다.

대학에서는 책을 많은 읽는 인재를 누구보다도 선호합니다. 모든 대학이 독서활동을 중요하게 여깁니다. 입시는 결국 독서로 귀결된다는 것을 명심해야 합니다.

학업역량 심사 기준

학업역량은 '대학 교육을 충실하게 이수하는 데 필요한 수학 능력'을 말합니다. 학업역량이 학생부에서 가장 중요하다는 것에는 누구도 이의를 제기하지 않습니다. 지원자의 학업역량을 판단하는 교과학습발달상황은 이수과목, 석차등급 등을 기록하는 부분과 교과 세부능력 및 특기사항으로 구분됩니다.

교과목, 단위수, 원점수/과목평균, 석차등급 등은 시험 결과를 나타냅니다. 대개 이 부분만을 중요하게 여기는 경우가 많습니다. 하지만 가장 중요한 부분은 '세부능력 및 특기사항'입니다.

학업역량의 평가 항목은 학업성취도, 학업태도, 탐구력 등으로 나뉘고 이에 따른 항목별 세부평가 내용이 있다.

'학업성취도'는 '고교 교육과정에서 이수한 교과의 성취수준이나 학업 발전의 정도'를 의미합니다. 교과목의 석차등급이나 원점수(평균/표준편차)를 활용해 산정한 학업능력지표와 교과목 이수 현황 등을 기반으로 평가한 교과의 성취수준을 포함합니다. 학업성취도는 지원자의 학업역량을 평가하는 주요 지표이지만 학업역량 외에 전공적합성, 발전가능성 등을 판단하는 중요한 평가지표이기도 합니다.

고등교육을 이수하는 데 기본이 되는 기초교과(국어·수학·영어)와 탐구교과(사회/과학)뿐만 아니라, 교양인으로서 갖추어야 하는 교과(예술·체육, 기술·가정/정보, 제2외국어/한문, 교양 등)의 성적도 함께 고려하여 평가하는 것이 일반적입니다. 특히 소위 주요 교과의 성적만 우수한 경우는 평가에 불이익을 받을 수 있다는 점에 유의해야 합니다.

학년이나 학기에 따른 성적의 변화도 중요하다.

학업성취도를 평가하는 데는 종합적 학업성취도 외에도 학년이나 학기에 따른 성적 변화를 함께 고려합니다. 이러한 평가의 관점은 학문적 발전가능성과도 밀접하게 연관되어 있습니다. 평가자들은 지원자가 어느 정도 성장했는지에 관심이 많습니다. 이런 점에서 성적의 향상 정도는 평가에 중요한 역할을 할 수 있습니다.

'학업태도'는 학업을 수행하고 학습을 해 나가는 자발적인 의지와 태도, 학습자가 스스로 학습 목표를 설정하고 적절한 학습 전략을 선택하여 계획을 수립하고 실행하는 과정을 말합니다. 입학사정관들은 특히 자기주도성을 중요하게 생각합니다. 학업태도를 살펴볼 때에는 자기주도학습에 기반을 둔 학업에의 적극적인 노력과 의지, 도전 정신과 실험 정신, 다양한 독서활동을 통해 드러나는 지적인 관심사와 호기심이 확인될 때 의미 있게 평가합니다.

학업역량 평가 항목 및 평가 세부 기준

평가 항목	평가 세부 기준
학업성취도	- 대학 수학에 필요한 기본과목(예: 국어 수학 영어 사회/과학 등)의 교과 성적은 적절한가? 그 외 교과목(예: 예술·체육, 기술·가정/정보, 제2외국어/한문, 교양 등)의 성적은 어느 정도인가? 유난히 소홀함을 보인 과목은 없는가? - 학기별/학년별 성적의 추이는 어떠한가?
학업태도	- 성취동기와 목표의식을 가지고 자발적으로 학습하려는 의지가 있는가? - 새로운 지식을 획득하기 위해 자기주도적으로 노력하고 있는가? - 교과수업에서 적극적으로 참여해 이해하려는 태도와 열정을 보이는가?
탐구활동	- 교과와 각종 탐구활동을 통해 지식을 확장하려고 노력하고 있는가? - 교과와 각종 탐구활동에서 구체적인 성과를 보이고 있는가? - 교내활동에서 학문에 대한 열의와 지적 관심이 드러나고 있는가?

출처: 경희대학교 외, NEW 학생부종합전형 공통 평가요소 및 평가항목

교육과정에 따른 학생의 자기주도적 과목 선택을 중요하게 평가한다.

'탐구력'은 어떤 대상에 대해 호기심을 가지고, 깊고 폭넓게 탐구할수 있는 역량입니다. 학업역량은 교과 학습뿐 아니라 관심 분야에 대한 적극적인 독서활동, 글쓰기, 탐구 및 연구 활동, 실험실습, 교내대회 참여 등 다양한 학습 경험을 통해 향상되는 것이기 때문에, 탐구력은 고차원적인 학업역량을 보여 주는 필수적인 요소라 할 수 있습니다. 왼쪽 페이지의 표는 학업역량 평가 항목에 따른 세부평가 기준을 나타낸 것입니다.

진로역량(전공적합성) 평가 방식

진로역량(전공적합성)은 자신의 진로와 전공(계열)에 관한 탐색 노력과 준비 정도를 평가합니다. 지원자의 전공에 대한 관심과 열정, 대학진학 후 전공을 수행할 수 있는 기초적인 학업 능력, 전공 이해도 및적성, 전공 관련 진로탐색활동 경험, 학업 및 진로계획의 타당성 등을종합적으로 검토하여 평가합니다.

'전공(계열) 관련 교과 이수 노력'은 고등학교에서 교과별 학문의 기본적 이해에 바탕을 둔 일반선택과목을 충실히 이수하고, 자신의 진로와 관심사에 따라 희망 전공(계열)과 관련된 진로선택과목을 이수하고 있는지를 평가합니다.

'전공(계열) 관련 교과성취도'는 학업역량의 평가 항목에서도 평가하지만, 동시에 전공(계열) 관련 성취도를 평가하는 진로역량의 평가 항목에서도 평가가 이루어질 수 있습니다.

마지막으로 '진로탐색활동과 경험'은 자신의 진로를 탐색하는 과정에서 이루어진 활동이나 경험, 노력 정도를 의미합니다. 학교 교육에서 자신의 관심 분야나 흥미와 관련한 다양한 활동에 참여하여 노력한 경험이 있는가를 평가합니다.

특히 대학은 학종 서류 평가에서 '전공 관련 이수과목'을 중요한 평

진로역량(전공적합성) 평가 항목 및 평가 세부 기준

평가 항목	평가 세부 기준
전공(계열) 관련 교과 이수 노력	- 전공(계열)과 관련된 과목을 적절하게 선택하고, 이수한 과목은 얼마나 되는가? - 전공(계열)과 관련된 과목을 이수하기 위하여 추가적인 노력을 하였는가?(예: 공동교육과정, 온라인 교육과정, 소인수 과목 등) - 선택과목(일반/진로)은 교과목 학습 단계(위계)에 따라 이수하였는가?
전공(계열) 관련 교과성취도	- 전공(계열)과 관련된 과목의 석차등급/성취도, 원점수, 평균, 표준편차, 이수 단위, 수강자 수, 성취도별 분포 비율 등을 종합적으로 고려한 성취수준은 적절한가? - 전공(계열)과 관련된 동일 교과 내 일반선택과목 대비 진로선택과목의 성취수준은 어떠한가?
진로탐색 활동과 경험	- 자신의 관심 분야나 흥미와 관련한 다양한 활동에 참여하여 노력한 경험이 있는가? - 교과활동이나 창의적체험활동에서 전공(계열)에 대한 관심을 가지고 탐색한 경험이 있는가?

출처: 경희대학교 외, NEW 학생부종합전형 공통 평가요소 및 평가항목

가 요소로 활용합니다. 입학사정관들은 학종 입학 결정을 위해 가장 중요하게 고려하는 평가 요소로 '학생부의 지원학과 관련 교과 성적'을 꼽았습니다.* 하지만 "전공 관련 교과 성적이 낮은데 전공적합성에서 나쁜 평가를 받나요?"라고 질문하면 대학의 공식적인 입장은 "꼭 그렇지는 않습니다. 전공에 대한 관심과 이해, 전공 관련 활동 등을 종합적이고 정성적으로 평가합니다."라고 말하며 학생과 학부모에게 솔직하지 못합니다. 믿으면 안 됩니다.

공동체역량(발전가능성) 평가 기준

공동체역량은 '공동체의 일원으로서 갖춰야 할 바람직한 사고와 행동'을 말합니다. 확 바뀐 학종에서는 기존 평가 요소 중 '인성'의 평가 항목을 바탕으로 '발전가능성'의 리더십 평가 항목을 추가하여 '공동체역량'으로 재구성하였습니다. 공동체역량은 단체활동에서 서로 협력하면서 공동의 과제를 수행하고 완성한 경험, 타인의 의견에 대한 공감과 수용, 나눔과 배려에 대한 경험, 자신의 역할을 열심히 수행한 경험, 목표 달성을 위해 구성원들의 협력, 화합 등을 이끌어 낸 경험 등을 종합적으로 평가합니다.

---

* 경희대 입학전형연구센터에서 실시한 '전국 대학 입학사정관 사례 공유 워크숍'에 참석한 입학사정관 212명 대상 설문조사 결과임.

공동체역량의 세부평가 항목에 대한 정의는 다음과 같습니다.

- **협업과 소통 능력**: 공동체의 목표를 달성하기 위해 협력하며 구성원들과 합리적인 의사소통을 할 수 있는 능력
- **나눔과 배려**: 상대방을 존중하고 이해하여 원만한 관계를 형성하며 타인을 위하여 기꺼이 나누어 주고자 하는 태도와 행동
- **성실성과 규칙 준수**: 책임감을 바탕으로 자신의 의무를 다하고 공동체의 기본 윤리와 원칙을 준수하는 태도
- **리더십**: 공동체의 목표 달성을 위해 구성원들의 상호작용을 이끌어 가는 능력

학종의 평가 요소인 학업역량, 진로역량, 공동체역량 중에서 가장 중요한 것을 학업역량으로 생각하는 것에는 이견이 없어 보입니다. 진로역량은 오히려 평가 요소가 단순하여 어렵지 않습니다. 대학 입학사정관이나 교수들은 '공동체역량' 항목이 학종의 진정한 취지에 부합한다고 말합니다. 대학은 공동체역량 속에서 특히 발전가능성과 자기주도성을 높이 평가합니다.

성적을 판단할 때에도 성적의 변화 추이를 살피는 것은 대학 입학 후의 발전가능성을 예측하려는 것입니다. 성적이 꾸준히 상승한 학생의 경우 대학 입학 후에도 학업 능력이 꾸준히 상승할 것이라 예측하고 그 가능성을 탐색하는 것입니다. 즉 등급의 단순한 하락과 상승만으로 평가하는 것이 아니라 지원자의 교육환경이나 지원자가 지닌 다른 역량과 종합하여 평가에 반영합니다.

공동체역량 평가 항목 및 평가 세부 기준

평가 항목	평가 세부 기준
협업과 소통 능력	- 단체활동 과정에서 서로 돕고 함께 행동하는 모습이 보이는가? - 구성원들과 협력을 통하여 공동의 과제를 수행하고 완성한 경험이 있는가? - 타인의 의견에 공감하고 수용하는 태도를 보이며, 자신의 정보와 생각을 잘 전달하는가?
나눔과 배려	- 학교생활 속에서 나눔을 실천하고 생활화한 경험이 있는가? - 타인을 위하여 양보하거나 배려를 실천한 구체적 경험이 있는가? - 상대를 이해하고 존중하는 노력을 기울이고 있는가?
성실성과 규칙 준수	- 교내활동에서 자신이 맡은 역할에 최선을 다하려고 노력한 경험이 있는가? - 자신이 속한 공동체가 정한 규칙과 규정을 준수하고 있는가?
리더십	- 공동체의 목표를 달성하기 위해 계획하고 실행을 주도한 경험이 있는가? - 구성원들의 인정과 신뢰를 바탕으로 참여를 이끌어 내고 조율한 경험이 있는가?

출처: 경희대학교 외, NEW 학생부종합전형 공통 평가요소 및 평가항목

비록 성적은 낮지만 수준 높은 심화과목이나 전문교과를 이수한 경우에도 학업태도나 열정, 창의적 문제해결력, 자기주도성 등을 인정해 줍니다. 개별 학교에서 개설하기 어려운 과목을 공동교육과정 등으로 이수한 경우에도 과목을 선택하여 수강하게 된 동기나 자기주도적인 탐색과정 등을 확인하여 발전가능성으로 평가할 수 있습니다.

뿐만 아니라 다양한 영역에서 직접 겪거나 활동하면서 얻은 성장과정 및 결과를 보거나 구성원의 화합과 단결을 이끌어 가는 역량을 통해서 공동체역량을 보기도 합니다. 고등학교생활에서 단지 높은 성적을 위하여 쉬운 길을 택하는 것보다 어려운 과정을 적극적으로 개척할 필요가 있음을 일깨워 주는 대목입니다.

학종에서 독서활동의 비중은
어느 정도인가요?

학생부종합전형 초기에 '독서활동상황'의 비중을 매우 크게 여겼던 적이 있습니다. 이때 독서활동상황을 전문적으로 준비해 주는 학원도 많이 생겼습니다. 정부에서는 사교육비 절감이라는 원칙하에 도서명과 저자만 기록하도록 기재사항을 바꿨다가 2024학년도부터는 '독서활동상황'을 미반영하고 있습니다. 따라서 많은 분이 독서활동의 비중이 줄었다고 생각하는데, 여기에 상당히 중요한 포인트가 있습니다. 대학에서는 이제야 독서활동상황을 제대로 평가할 수 있다고 판단하고 있습니다.

실제 독서활동을 제대로 한 사람 중심으로 기록될 것이라고 보는 겁니다. 학교생활기록부 내용 전체, 특히 교과 세부능력 및 특기사항, 창의적체험활동상황, 종합평가 및 행동특성에 폭넓고 깊이 있게 독서하는 학생으로 각인되어 있으면 대학에서 매우 높은 평가를 한다는 것을 알아야 합니다. 학종에서 독서활동은 여전히 가장 중요한 중심축입니다.

학생부의 잘못된 기록이나 누락된 것은
정정이 가능한가요?

'학교생활기록 작성 및 관리 지침'에 따르면 "객관적인 증빙자료가 있는 경우에만 정정이 가능하며, 정정 시에는 반드시 정정내용에 관한 증빙자료를 첨부하여 정정의 사유, 정정내용 등에 대하여 학교 학업성적관리위원회의 심의 절차를 거친 후 처리해야 한다."라고 되어 있습니다.

학종에서 가장 중요한 것 중 하나는 타이밍과 기록입니다. 어떤 전형을 준비하든 간에 학생부를 꼼꼼하게 챙기는 것은 기본 중의 기본입니다. 실제로 많은 학부모와 학생이 경험을 통해 이것이 중요하다는 것을 나중에 알게 되는데, 알고 나면 이미 시기를 놓치게 됩니다.

대학에서는 기록에서의 실수나 누락을 인정해 주지 않습니다. 이미 기재된 것도 전적으로 다 믿어 주지 않고 어느 정도는 과장되었을 거라는 것을 전제로 평가합니다. 학교생활기록부 정정기간이 있습니다. 1학기 정정기간은 여름방학, 2학기 정정기간은 겨울방학입니다. 보통 담임 선생님이 공지하는데 학생들은 허투루 듣는 경우가 많습니다.

방학 동안의 학교생활기록부 정정기간은 학생부 점검의 중요한 시기이다.

교과목 선생님들은 많은 학생을 일일이 챙길 수가 없습니다. 또한 기록하는 선생님에 따라 표현 방법이 다르기 때문에 대학에서 보기에 부정적인 표현으로 오해하는 경우도 있습니다. '개인플레이에서 두각을 보입니다.'라거나 '자기주장이 강하다.'라는 애매한 표현도 있고 선생님과의 관계가 좋지 않아 표현이 부정적인 뉘앙스로 기재되는 경우도 있습니다.

이런 것을 최소한 학생부 정정기간에 해결해야 하는데, 잘못하여 후회하는 경우를 많이 봅니다. 특히 학년이 바뀐 상태에서는 정정이 매우 어렵고 절차도 까다롭습니다. 본인 것은 본인이 챙기고 책임져야 합니다.

학종, 이것이 핵심이다

전공(관심)이 바뀌면 불리하다

"전공이나 관심이 바뀌면 불리한가요?"라는 질문을 많이 받습니다.

입학사정관들은 "진로는 다양한 경험을 하는 과정에서 얼마든지 바뀔 수 있는 사항입니다. 특히 고등학교 시기는 진로를 탐색하고 설계하는 성장 과정의 시기이기 때문에 진로 변경이 잦을 수 있으며, 입학사정관들은 이러한 특성을 고려하고 있습니다. 자신의 진로가 변경되었다고 하더라도 구체적인 이유나 동기를 충분히 설명할 수 있고, 진로 변경 이후 새로운 진로와 관련한 활동이나 노력 과정을 잘 보여 줄수 있다면 좋은 평가를 받을 수 있습니다."(한국대학교육협의회)라고 원론적인 입장을 말하곤 합니다.

그러나 질문에 대한 답을 한마디로 하자면 "많이 불리하다."입니다. 한국대학교육협의회나 대학의 홍보와 달리 전공이 바뀌면 불리합니다. 학종의 대표적인 문제점 중의 하나는 전공이나 진로 방향이 바뀌거나 지나치게 솔직한 학생이 손해를 보는 구조라는 겁니다. 학생들의 꿈과 진로는 고등학교생활 속에서 몇 번이든 바뀔 수 있고 바뀌어야 하는 것이 자연스러운 현상입니다.

하지만 대학은 '전공적합성'이란 평가 항목을 두고 전공을 위해 노력한 과정을 평가하고자 합니다. 지원하려는 전공 관련 과목의 교과 성적이 좋지 않으면 치명적인 평가를 받습니다. 그러면서도 대학에 상담을 하면 "진로희망이 바뀌었을 경우 변화하게 된 과정 혹은 타당한 사유를 창의적체험활동의 진로활동 특기사항, 행동특성 및 종합의견, 자기소개서에 설득력 있게 제시해 준다면 긍정적인 평가를 받을 수 있습니다."(6개 대학 입학사정관)라고 말합니다. 학교생활기록부의 제한된 글자 수를 그 바뀐 과정을 변명하는 데 써 버리면 정작 자신의 장점을 부각시키고자 하는 시도를 하기는 매우 어려운 구조입니다.

학종에서는 전공(관심)이 바뀌면 불리하다

입학사정관은 지원자 하나하나의 속사정을 자세하게 들어 줄 만큼 한가하지 않습니다. 경쟁률도 높아 지원자도 많으니 꾸준하게 전공 관련 활동을 하고 전공 관련 교과 성적이 우수한 지원자를 택하게 되는 겁니다.

그러면서 홍보나 안내책자에는 실제로 처음에 생각했던 전공을 바꿔 지원한 학생의 합격 수기를 공개합니다. 어떤 비밀이 숨겨져 있는 걸까요? 대학에서는 전공과 관련해 꾸준하게 노력해 온 학생보다는 '우수한 학업역량'을 갖춘 학생을 더 높게 평가하는 것입니다. '우수한 학업역량'이야말로 대학 평가자들이 가장 절대시하는 요소라는 것을 명심하면 쉽게 이해할 수 있습니다.

비슷한 능력을 가진 학생이라면 전공이 바뀐 것이 실제 서류심사에서 불리할 수밖에 없습니다. 학종에서는 자기가 원하는 전공보다는 교과목 성적이 좋고 수상 실적이나 눈에 띄는 전공 관련 활동을 한 쪽으로 어쩔 수 없이 전공을 바꾸는 경우가 많습니다. 실제로 그렇게 바꾼 경우가 결과가 더 좋게 나온다고 보면 됩니다.

학생부종합전형에 유리한 고등학교가 있다

2028학년도 대입개편안이 발표되자 입시전문가들은 특목/자사고와 강남권 고등학교가 유리할 것이라고 입을 모읍니다. 학종에 유리한 고등학교가 있을까요? 확실히 학종은 복잡한 요인의 결합으로 결정됩니다. 특목/자사고와 일반고의 차이는 분명히 있습니다. 지역적 유불리도 있습니다. 학종 합격자 추이를 봐도 다양합니다.

가장 어리석은 것은 "우리 애는 '교과전형' 혹은 '정시'로 갈 거야."라고 미리 결정해 버리는 경우입니다. 물론 학년이 올라감에 따라 어쩔 수 없이 정시 전략을 선택하는 경우도 있지만, 실제로 성적이 어느 정도 되고 인서울 정도를 목표로 한다면, 아니 그보다 부족한 학생들도 고3 때 학종을 쓰지 않는 경우는 거의 없습니다. 학종을 염두에 두고 고등학교를 진학할 때 고려해야 할 요인에는 다음과 같은 것들이 있습니다.

첫째, 내신 성적을 먼저 고려해야 합니다. 일단 학종으로 인서울 중상위권 대학(중·경·외·시·이) 이상을 목표로 한다면 최소 일반고 2등급 이내, 강남·분당 3등급, 특목/자사고 4등급 이내의 내신은 확보해야 합니다. 특목/자사고에서 중상위권 이상이 될 수 있으면 상당히 유리합니다. 물론 이런 학생들은 일반고에 진학하더라도 최상위권 내신을 유지하고 학교에서 내로라하는 프로그램으로 다양한 스펙을 확보할 수 있어 일단 학종에 유리하다고 할 수 있습니다. 고교 유형에 따라 교과 성적이 부족하더라도 합격자가 많은 특목/자사고가 학종에 유리하다는 의견이 많고 일견 타당해 보이기도 합니다.

하지만 특목/자사고가 활발한 비교과활동으로 유리한 점이 있는 반면에 내신을 확보하지 못하여 고전하는 경우도 많습니다. 실제로 영재학교, 과학고, 최상위권 자사고 학생들이 단지 내신을 위하여 해당 학교 내신을 커버해 주는 대치동의 전문학원을 다니는 경우도 많습니다. 학종이 낳은 비교육적인 웃픈 이야기입니다.

고교 선택은 진학 후 예상 내신 성적을 고려해야 한다.

둘째, 분명 학종에 강한 고등학교가 있습니다. 대학 진학 성적을 분석해 보면 압니다. 최근 2~3년 수시와 정시로 대학에 간 선배들의 분포를 파악합니다. 특히 전체 대학 합격자 중에서 학종으로 진학한 선배들의 분포와 정시로 합격한 선배들의 분포, N수생 합격 비율이 얼마나 되는지 파악합니다.

셋째, 고등학교의 교장 선생님, 교감 선생님, 입학담당 선생님의 능력도 학종 결과에 영향을 미칩니다. 학종 전문가들은 학종은 철저하게 학교 간 싸움이라고 합니다. 학종에서 좋은 성과를 거두는 데는 학교장이나 설립자의 교육철학과 열정, 능력이 매우 중요합니다. 특히 진학부장의 능력을 학교 선택의 중요 요소로 여기기도 합니다. 학종은 학생들의 노력만으로는 한계가 있습니다. 다년간의 준비와 노하우, 연구가 필요하고 학교장이나 진학부장 등 구성원들의 능력과 비전은 학교의 진학 실적에 엄청난 영향을 끼칩니다.

넷째, 가장 중요한 것은 본인의 특성을 잘 파악해야 한다는 것입니다. 학교 유형에 따른 유불리보다는 개인적 특성이 더 큰 영향을 미치는 듯싶습니다. 중요한 특성 중 대표적인 것은 실력, 꼼꼼함, 적극성 등입니다. 실제로 가장 중요한 것은 학교의 문제라기보다는 본인의 문제입니다. 학생 자체가 학종과 잘 맞지 않는 경우도 많습니다. 본인의 적성과 진로를 먼저 고려하는 것이 중요합니다. 고교 선택 기준을 대학입시에 둔다면 이러한 것들을 종합적으로 검토한 후에 본인에게 유리한 학교를 선택하면 됩니다.

학년별 학생부종합전형 준비법

다른 분야도 마찬가지이지만 학종 준비도 타이밍만큼 중요한 것이 없습니다. 일찍 준비하면 사교육 컨설팅 등의 도움 없이도 여유 있게 준비할 수 있습니다. 다음 페이지에 학년별 학종 준비법의 일반적 사항을 제시하였습니다. 학종에 성공한 학생들은 다음에 제시한 것보다 한 학년씩 앞당겨 실천하는 경우도 있습니다.

대체로 중학교 때는 준비 단계, 고등학교 때는 실행 단계로 나누는데 몇 가지 큰 틀이 있습니다. 겨울방학에는 반드시 다음 학년 계획을 하며, 여름과 겨울 방학의 학기별 정정기간에는 독서활동이나 교과세특 등을 정기적으로 점검하여 빠진 것을 보완해야 합니다. 다음 표는 학년별 학종 준비법을 제시한 것입니다. 이것을 토대로 본인의 상황에 맞는 계획서를 작성하도록 합니다.

학년별 학종 준비법

학년	학종 준비법
중2까지	- 학종의 개념 이해하기 - 다양한 독서와 진로 고민하기 - 고교 유형 선택하기. 가고 싶은 고등학교 탐색하기
중3 겨울방학 까지	- 자기소개서 작성해 보기 - 독서를 통해 전공 이해하기 - 본인에게 유리한 대입전형 알아보기. 입시에 대해 공부하기
중3 겨울방학	- 학종 전략 세우기 - 진학 예정 고등학교 커리큘럼/교육 프로그램 알아보기. 동아리 알아보기 - 대학별 전공 탐색하기
고1	- 전공을 위한 선택과목 설계 - 동아리 선정 활동 계획 - 학기별 정정기간 체크 및 빠진 내용 점검 보완 - 독서활동 점검 및 교과세특, 창의적체험활동에 반영 - 다음 학년 학생부 활동 계획
고2	- 정규동아리활동 - 학기별 정정기간 체크 및 빠진 내용 점검 보완 - 독서활동 점검 및 교과세특, 창의적체험활동에 반영 - 다음 학년 학생부 활동 계획
고3	- 대학 제출 최종 학생부 점검 - 학기별 정정기간 체크 및 빠진 내용 점검 보완 - 독서활동 점검 및 교과세특, 창의적체험활동에 반영

학생부종합전형으로 대학 갈 수 있는 핵심 노하우

학종으로 대학 갈 수 있는 핵심 노하우는 특별할 것이 없습니다. 조금만 생각하면 다 알고 있고 누구나 실천 가능한 것들입니다. 사교육 컨설팅에서도 특별한 것을 알려 주지 않습니다. 다음에 제시하는 것과 같은 몇 가지 핵심 내용을 챙겨 주기만 하면 됩니다.

첫째, 일찍 준비해야 합니다. 학종 준비에서 가장 중요한 것은 준비 시기입니다. 미리 준비한 학생들은 상당한 성과를 얻어 냅니다. 반면에 대부분의 학생은 타이밍을 놓쳐 실패하는 경우가 많습니다. 학종을 미리 알고 있어야 합니다. 중학교 때 특목고 준비를 통해 경험해 본 친구들이 확실히 앞서 가는 이유입니다. 이 학생들은 학생부를 어떻게 디자인할 것인가를 설계하고, 무엇이 중요한 것인가를 파악하고 있습니다. 고등학교 때는 그야말로 정신을 차릴 수 없을 정도로 바쁘기 때문에 타이밍을 놓쳐 실패하는 경우가 대부분입니다.

둘째, 자신의 진로에 대해 진지하게 고민해 미리 결정해야 합니다. 학생부종합전형은 진로에 대한 진지한 고민과 노력을 했는가가 평가 항목 중에서 중요한 요소이고, 이것이 선행되어야 그에 따른 설계가 가능합니다. 막연했던 진로를 구체화시키는 과정에서 다양한 학교생활 중 어떤 활동들을 계획하고 이루었는지를 보여 주는 것이 핵심입니다.

따라서 본인의 진로에 대하여 차분히 생각하고 진로에 맞는 전공과 원하는 대학을 결정하는 것이 좋습니다. 그 대학이 어떤 전형을 실시하고 있는지를 알아보아야 합니다. 구체적인 내용을 알기 원한다면 그 대학이 발간한 안내서나 입학처 홈페이지를 면밀하게 검토하는 것이 바람직합니다.

학종은 일찍 준비하고 내신을 먼저 챙겨야 한다.

셋째, 내신부터 챙겨야 합니다. 첫째도 둘째도 내신 관리입니다. 학종의 첫 단추가 내신이라는 것은 두말할 필요가 없습니다. 학교생활기록부 항목 중에서 가장 중요하게 보는 것이라고 생각해도 됩니다. 앞에서도 여러 번 강조했습니다.

넷째, 전공적합성을 가지는 활동들을 꾸준하게 관리해야 합니다. 자신의 진로와 계획에 맞게 주도적으로 활동해야 합니다. 자신의 여건이 되는 한 전공적합성을 가질 수 있는 관련 교내대회는 수상 실적과 상관없이 최선을 다해 참여하는 것이 좋습니다.

다양한 활동을 통해 그동안 경험하지 못했던 새로운 것들을 배울 수 있으며, 추후에 여러 가지 선택지 중 가장 우수하고 적합한 활동들을 선택할 수 있다는 장점도 있습니다. 상급학교에 제공할 수 있는 수상경력은 없어졌지만, 이것에 신경 쓰지 말고 자신의 적성과 관심에 맞는 교과 및 비교과 분야에서 적극적이고 주도적인 활동을 해야 합니다.

다섯째, 학생부종합전형은 기록 싸움이라고 합니다. 누가 철저하게 그리고 꾸준히 설득력 있는 표현으로 기록하느냐의 싸움입니다. 기록 과정을 통해 자신을 되돌아보고 새로운 계획을 세워 성장의 밑거름으로 삼는다면 학종에서 성공할 수 있습니다.

모든 활동은 기록으로 남겨야 합니다. 아무리 뛰어난 성취와 활동을 하였더라도 학생부에 기록되지 않으면 아무런 영향력이 없습니다. 학종에서는 무엇을 평가하든 기록에 남아 있는 것을 바탕으로 평가하기 때문에 평소에 수행했던 각종 활동을 그때그때 정리하고 기록해두는 습관을 들여야 합니다. 반드시 학생부 관리기록장을 가지고 있어야 합니다. 기록장을 사용하지 않고 좋은 학생부를 만든 경우는 거의 보지 못했습니다.

여섯째, 선생님이 러닝메이트가 되어야 합니다. 선생님과 긴밀한 관계를 가져야 합니다. 학종은 남들과 다른 '나만의 스토리'가 필요한데 담임 선생님은 각 학생의 개별 스토리를 꼼꼼하게 관찰하고 기록하기가 어렵습니다. 특히 느낌, 변화된 모습 등 나만의 이야기가 학생부에 충분히 작성될 수 있도록 관리해야 하는데, 이때 가장 필요한 존재가 내 옆의 선생님입니다.

수년간 일선 현장에서 수많은 학생을 지도해 온 선생님들은 내가 가장 손쉽게 만날 수 있는 최고의 전문가이자 입시 레이스를 도와줄 러닝메이트입니다. 학교생활에서 일어나는 모든 상황에 대해 끊임없이 소통하고 질문하고 도움을 청해야 합니다. 서로에 대해 관찰하고 이해하면 할수록 내 학생부의 기재 내용이 더욱 멋지게 꾸며질 수 있을 것입니다.

학생부종합전형은 꼭 선택해야 하는 전형이다

"학생부종합전형은 꼭 선택해야 하는 전형인가요?"라는 질문도 자주 받습니다. 상위권 대학을 목표로 한다면 이는 피할 수 없는 전형입니다. 수능을 통한 정시전형은 재수생들과 특목/자사고에서 내신이 받쳐 주지 못하는 학생들의 몫이지 일반고 학생들에게 돌아갈 몫은 많지 않습니다.

전체적으로 본다면 입학생 중에 학생부종합전형으로 진학하는 학생은 2025학년도 기준 23.1%입니다. 학생부교과전형으로 진학하는 학생이 45.3%로 훨씬 많습니다. 일반고는 일반고대로, 특목고는 특목고대로 장점과 단점이 있습니다. 본인의 특성에 따라 최대한 자신에게 유리한 형태로 만들어 가야 합니다.

상위권 대학을 목표로 한다면 학종은 피할 수 없는 전형이다

학생부종합전형이 피할 수 없는 전형이 되는 이유가 있습니다. 먼저 본인의 성적(교과 성적, 수능 성적)보다 1~2단계 높은 대학에 진학할 가능성이 있기 때문입니다. 교과 성적만을 반영하지 않고 지원자가 제출한 학교생활기록부와 면접 등을 바탕으로 학업 능력뿐 아니라 학업에 대한 태도, 열정과 발전가능성 등을 종합적으로 평가하기 때문에 교과 성적이 좀 낮더라도 비교과활동 등이 강하다면 부족한 성적을 만회할 수 있습니다.

또한 상위권 대학을 고려한다면 이들 대학은 학종으로 뽑는 비율이 매우 크기 때문입니다. 2025학년도 기준 주요 대학의 경우 전체 선발 인원 중 학생부종합전형 33.8%(서울대 56.5%, 고려대 34.3%, 서강대 38.2%, 성균관대 35.8%, 한양대 36.6%, 서울시립대 39.8%), 학생부교과전형 11.0%, 수능위주전형 39.9%입니다.

내신 성적만(교과 100)으로 학생을 선발하는 상위권 대학은 연세대, 한국외대, 서울시립대 등으로 한정되고 선발 인원도 적을뿐더러 무엇보다 내신 성적이 1점대 초반이어야 가능합니다. 대부분의 학생부교과전형에서도 교과 성적에 학생부 평가를 포함하는 경우가 많습니다. 수능 역시 주로 N수생과 특목고, 자사고에서 내신이 약하여 미리부터 수능을 준비해 온 실력자들이어서 경쟁하기가 쉽지 않습니다.

학종에서 지향하는
인재의 모습은 어떤 것인가요?

학생부종합전형에서 서울대학교의 학종은 의미가 큽니다. 학종의 가장 좋은
모형이며 방향을 이끈다고 해도 과언이 아닙니다. 서울대학교는 학생부종합
전형을 통해 우수한 학업 능력과 적극적인 학업 태도, 바른 인성과 가치관을
지닌 학생을 선발하고자 합니다.

다음은 서울대학교가 학종을 통해 선발하고자 하는 인재상입니다. 서울대 학
종에 대하여 좀 더 알고 싶으면 서울대 웹진 아로리(snuarori.snu.ac.kr)를 참
고하세요. 좋은 자료가 많습니다.

서울대학교가 지향하는 인재상

- 학교 교육과정을 성실히 이수하고 학업 능력이 우수한 학생

- 학교생활에서 적극적이고 진취적인 태도를 보인 학생

- 글로벌 리더로 성장할 수 있는 자질을 지닌 학생

- 다양한 교육적, 사회적, 문화적 배경과 경험을 지닌 학생

- 사회적 약자에 대한 배려심과 공동체의식을 가진 학생

출처: 2024학년도 서울대학교 학생부종합전형 안내

Q&A

입시 준비에서 학부모는
어떤 역할을 해야 하나요?*

입시전문가들은 대개 "부모를 보면 아이의 대학이 보인다."고 말합니다. 학부모들의 모습은 이러저러한 이유로 입시에 전혀 문외한이거나 아이들 입시에 목을 매는 형태까지 다양합니다. 이 책은 입시에 관심을 가지고 있지 않은 학부모들부터 입시고수 학부모들에게까지 최고의 정보를 제공하기 위해 만들었습니다.

다음의 목차를 지금 당장 실천은 못하더라도 꼭 반복해서 읽어 보기를 부탁드립니다. 그리고 이 책을 아이를 사랑하는 마음으로 정성껏 읽어 주길 바랍니다. 최소 2회 정도 정독하고 궁금한 내용은 책을 통해서 확인하면 결코 부

---

* 학부모의 역할은 필자의 다른 입시 전략서인 『중학 3년 대학을 결정한다』의 2장 '대학 보내기, 엄마가 답이다'의 주요 목차를 가져온 것입니다. 구체적인 전략 내용은 본 책을 참고하기 바랍니다.

족함이 없을 거라 자신합니다.

엄마의 잘못된 정보가 아이의 미래를 망친다

A. 잘못된 정보가 아이의 미래를 망친다.

- 가까운 사람으로부터 들은 사례를 일반화하지 마라.

- 신문 기사를 너무 쉽게 믿는 경향이 있다.

- 사례 몇 개 아는 정도로 입시전문가 흉내를 내고 있다.

B. 무지한 '정보력'이 가장 무서운 적이다.

- 모집 요강은 입시의 교과서이다.

- 모의고사 성적표부터 제대로 읽고 파악하자.

- 성적표는 보자마자 스마트폰에 저장해 놓아라.

C. 엄마가 바로 서지 않으면 아이의 미래는 없다.

- 엄마가 슬럼프에 빠지면 아이는 수렁에 빠진다.

- 다른 엄마는 더 많은 근심, 갈등과 좌절 속에서 산다.

엄마가 전략가가 되어야 한다

A. 변하는 대입전형, 엄마가 달인이 되어야 한다.

- 대입전형은 중학교 때부터 알아 두어야 한다.

- 입시 원리를 알아야 한다.

• 정확한 정보로 입시의 큰 틀을 정확하게 이해하자.

B. 내 아이의 방향과 목적지를 함께 모색하라.

• 꿈과 목표를 가질 수 있도록 도와줘라.

• 자율적인 사람으로 키워라.

• 칭찬과 격려는 자신감을 북돋우는 가장 좋은 수단이다.

• 끊임없는 동기부여가 필요하다.

C. 내 아이에 맞는 전략, 엄마가 찾아 주어야 한다.

• 교육은 일찍 시작할수록 그 힘을 더욱 발휘한다.

• 엄마가 입시 매니저가 되어야 한다.

• 아이의 정확한 위치부터 파악하자.

• 아이에게 맞는 맞춤 전략을 짜라.

공부 환경을 만들어 주는 엄마가 되어야 한다

A. 스터디 메이트 관리도 엄마의 몫이다.

• 팀워크로 승부하게 하라.

• 좋은 자극을 주는 친구를 만들어 줘라.

• 주변에 라이벌을 만들어라.

B. 부모가 독서하는 모습을 보이자.

- 아이가 책을 읽기 바라면 엄마가 책을 읽어라.
- 아이와 같은 책을 읽자.
- 강요에 의한 책 읽기는 아이에게 도움이 안 된다.

C. 너무 많은 지시와 요구로 아이가 중심을 잃는다.
- 지시와 훈계를 하지 말고 대화를 하라.
- 요구나 바람을 1/5로 줄여라.
- 체크하는 간격을 너무 짧게 하지 마라.
- 칭찬에 익숙해야 한다.

D. 상위 1%가 되려면 99%가 하는 행동을 따라 하지 마라.
- 휴대폰부터 극복해야 한다.
- 어설픈 휴대폰, 컴퓨터 통제는 안 하느니만 못하다.

엄마가 해 줄 수 없다면 대안을 모색하라

A. 믿고 따를 수 있는 멘토를 찾아라.
- 학교 선생님이나 학원 선생님과 진로를 함께 모색하라.
- 일찍 전문가의 상담을 받게 하라.
- 전문학원의 도움도 필요하다.

B. 잘하는 엄마를 따라 해라.

- 잘하는 엄마의 좋은 특징을 파악해라.

- 인내심을 가지고 포기하지 말아야 한다.

- 체계적인 관리가 아니면 모두 방치이다.

C. 넷 프렌즈(net friends)를 만들어라.

- 입시 관련 사이트에 매일 접속하라.

- 엄마들 모임을 친목모임이 아니라 스터디 모임으로 만들어라.

- 교육에 관심과 조예가 있는 사람들과 친하게 지내라.

참고문헌

- 건국대학교 외(2019). 학생부종합전형 101가지 이야기.
- 경희대학교 외(2022). NEW 학생부종합전형 공통 평가요소 및 평가항목.
- 교육부(2023). 2023 학교생활기록부 기재 요령.
- 교육부(2023). 2028 입시부터 국어·수학·사회·과학 선택과목 없는 통합형 수능, 내신 5등급 체제 확정.
- 교육부·한국교육과정평가원(2023). 고교학점제 도입·운영 안내서.
- 서울대학교(2023). 2024학년도 서울대학교 학생부종합전형 안내.
- 장정현(2015). 중학 3년, 대학을 결정한다. 경향에듀.
- 장정현(2020). 중3, 고1을 위한 확 바뀐 학종. 경향BP.
- 장정현(2020). 학생부종합전형 쟁점 분석 연구. 고려대학교 석사학위 논문.
- 한국대학교육협의회(2022). 2024학년도 대입정보 119.
- 한국대학교육협의회(2023). 2025학년도 대학입학전형시행계획. 교육부.
- 한국대학교육협의회(2023). 2025학년도 대학입학전형시행계획 주요사항. 교육부.
- 한국대학교육협의회(2023). 2025학년도 대입정보 119.
- 한국대학교육협의회(2023). 2026학년도 대학입학전형기본사항.

감사의 글

저에게 한없이 소중한 분들 덕분에 이 책이 나올 수 있었습니다. 늦게 시작한 대학원 공부를 헌신적으로 이끌어 주시고 깊은 가르침을 주신 고려대 교육학과 변기용 교수님, 분당에서 정책으로 정치를 하며 교육문제에 관심을 가지고 집필에 큰 도움을 주신 김병욱 의원님, 깊은 안목을 가지고 내용을 검토해 주신 참스승 박수화 선생님께 특히 감사드립니다.

분당 최고의 입시 강사로서 함께 해 주신 분당교육채널 이춘희 대표님, 책의 완성도를 높여 주신 서울교대 장은영 교수님, 지멘토 입시학원 최경호 원장님, 건국대학교 김경숙 선생님, 토론과 조언으로 깊이를 더해 주신 전세환 원장님, 김민주 원장님, 서효언 원장님, 그리고 책을 감수해 주신 전문가 선생님들 덕분에 이 책이 나올 수 있었습니다.

끝으로 많이 부족한 필자를 항상 믿어 주고 삶에서 가장 큰 힘이 되어 주는 존경하는 김정혜님과 사랑하는 딸 장두라에게 깊은 감사의 말을 전합니다.

이 책을 감수해 주신 분들

- 김경숙(건국대학교, 전 전국대학입학사정관협의회 회장)
- 김대열(창공교육컨설팅, 입시플랫폼 '입시통' 대표)
- 김도훈(충남삼성고등학교 교감)
- 김민주(메타원대기교육 대표, 입시전문가)
- 반상진(전북대학교 교수, 전 한국교육개발원 원장)
- 박수화(전 서울과학고 교사)
- 박해철(고려대학교 의과대학 교수)
- 변기용(고려대학교 교육학과 교수)
- 서효언(아이콘입시연구소 소장)
- 심연미(경북대학교 교수)
- 윤창욱(마산 용마고 교사, 전 경남과학고 교사)
- 이주향(위례 한빛고 교사)
- 이춘희(입시를 읽어주는 엄마, 분당교육채널 대표)
- 전세환(토마토어학원원장, 입시전문가)
- 장은영(서울교육대학교 교수)
- 정영남(서울 광문고 교사)
- 최경호(지멘토교육 대표, 입시전문가)

※ 그 외 초안을 읽고 조언을 아끼지 않으신 학부모님들과 입시관계자분들께
진심으로 감사드립니다.